高校图书馆资源建设与文献史研究

林志伟 郭 鹏 金莉荣 主编

汕頭大學出版社

图书在版编目（CIP）数据

高校图书馆资源建设与文献史研究 / 林志伟，郭鹏，金莉荣主编. -- 汕头：汕头大学出版社，2023.12
　　ISBN 978-7-5658-5238-1

Ⅰ．①高… Ⅱ．①林… ②郭… ③金… Ⅲ．①院校图书馆－文献资源建设－研究 Ⅳ．① G258.6

中国国家版本馆 CIP 数据核字（2024）第 011270 号

高校图书馆资源建设与文献史研究
GAOXIAO TUSHUGUAN ZIYUAN JIANSHE YU WENXIANSHI YANJIU

主　　编：	林志伟　郭　鹏　金莉荣
责任编辑：	黄洁玲
责任技编：	黄东生
封面设计：	皓　月
出版发行：	汕头大学出版社
	广东省汕头市大学路 243 号汕头大学校园内　邮政编码：515063
电　　话：	0754-82904613
印　　刷：	廊坊市海涛印刷有限公司
开　　本：	710mm×1000mm　1/16
印　　张：	12.5
字　　数：	200 千字
版　　次：	2023 年 12 月第 1 版
印　　次：	2024 年 7 月第 1 次印刷
定　　价：	68.00 元

ISBN 978-7-5658-5238-1

版权所有，翻版必究
如发现印装质量问题，请与承印厂联系退换

前 言

在资讯科技突飞猛进的今天，资源以多种形式被广泛应用，传送速度快，而且容易获得。高校图书馆不仅是学校重要的文献信息中心，还是推动文献史研究的重要推力。在信息技术飞速发展的新时期，如何实现高校图书馆资源现代化高质量建设，推动文献史进一步研究，是高校图书馆发展过程中应着重考虑的问题。

基于此，本书以"高校图书馆资源建设与文献史研究"为题，首先阐述高校图书馆资源与资源建设，内容包括高校图书馆概述、高校图书馆资源利用现状与建议、高校图书馆资源建设的原则；其次分析高校图书馆信息资源建设的内容，涉及高校图书馆信息资源概述、高校图书馆信息资源采访、高校图书馆信息资源组织与质量管理、高校图书馆信息资源建设的模式与方法、高校图书馆信息资源建设的共建与共享、高校图书馆信息资源建设的评价与保障；再次解读高校图书馆学科资源与建设，内容涵盖高校图书馆学科资源建设方法与原则、基于学科化服务的高校图书馆资源建设、面向泛学科化服务的高校图书馆资源建设；然后探索高校图书馆资源建设的创新、策略与案例；最后研究中国文献学与文献史，内容涉及中国文献学与文献史概述，中国文献发展的规律及特点，计算机与文献的生产和检索，从文献史、书籍史到文献文化史。

本书体系完整，视野开阔，层次清晰，借助通俗易懂的语言、系统明了的结构，紧跟时代步伐，满足用户不断更新的需求，利用科学技术，进一步推动高校图书馆资源建设与文献史研究现代化高质量发展。本书可供广大高校图书馆资源建设与文献史研究相关从业人员、高校师生与知识爱好者阅读使用，具有一定的参考价值。

本书在写作过程中，得到了许多专家、学者的帮助和指导，在此表示诚挚的谢意。由于笔者水平有限，加之时间仓促，书中所涉及的内容难免有疏漏之处，希望各位读者多提宝贵的意见，以便笔者进一步修改，使之更加完善。

目　录

第一章　高校图书馆资源与资源建设 ·· 001
　第一节　高校图书馆概述 ·· 001
　第二节　高校图书馆资源利用现状与建议 ·· 008
　第三节　高校图书馆资源建设的原则 ··· 011

第二章　高校图书馆信息资源建设的内容 ·· 014
　第一节　高校图书馆信息资源概述 ·· 014
　第二节　高校图书馆信息资源采访 ·· 022
　第三节　高校图书馆信息资源组织与质量管理 ·· 027
　第四节　高校图书馆信息资源建设的模式与方法 ··· 033
　第五节　高校图书馆信息资源建设的共建与共享 ··· 042
　第六节　高校图书馆信息资源建设的评价与保障 ··· 047

第三章　高校图书馆学科资源与建设 ·· 059
　第一节　高校图书馆学科资源建设方法与原则 ·· 059
　第二节　基于学科化服务的高校图书馆资源建设 ··· 066
　第三节　面向泛学科化服务的高校图书馆资源建设 ··· 076

第四章　高校图书馆资源建设的创新与策略 ···································· 081
　第一节　全媒体时代高校图书馆资源建设 ·· 081
　第二节　读者需求导向下高校图书馆资源建设 ·· 086
　第三节　基于读者决策采购的高校图书馆资源建设 ··· 096
　第四节　区域协作与高校图书馆资源建设创新 ·· 101

1

第五节　二维码技术在高校图书馆资源建设中的应用 …………… 103

　　第六节　基于CiteSpace的高校图书馆资源建设可视化 …………… 104

　　第七节　基于MOOC背景下的高校图书馆资源建设 ……………… 106

第五章　高校图书馆资源建设的案例分析 ………………………………… 109

　　第一节　高校图书馆资源建设探究——以延安大学图书馆为例 …… 109

　　第二节　"十四五"时期应用型高校图书馆资源建设的探究——以
　　　　　　四川旅游学院图书馆为例 …………………………………… 116

　　第三节　高校图书馆资源建设中的用户参与研究——以中国民用航
　　　　　　空飞行学院图书馆为例 ……………………………………… 121

　　第四节　供需双侧视角下高校图书馆资源建设研究——以广西生态
　　　　　　工程职业技术学院为例 ……………………………………… 125

　　第五节　互联网环境下高校图书馆资源建设对策研究——以陇南师
　　　　　　专图书馆为例 ………………………………………………… 129

第六章　文献史研究的理论基础 …………………………………………… 133

　　第一节　文献总论 ………………………………………………………… 133

　　第二节　中国文献物质形态 ……………………………………………… 140

　　第三节　文献载体演变与文献传播 ……………………………………… 147

第七章　中国文献学与文献史研究 ………………………………………… 153

　　第一节　中国文献学与文献史概述 ……………………………………… 153

　　第二节　中国文献发展的规律及特点 …………………………………… 162

　　第三节　计算机与文献的生产和检索 …………………………………… 170

　　第四节　从文献史、书籍史到文献文化史 ……………………………… 174

参考文献 ………………………………………………………………………… 191

第一章
高校图书馆资源与资源建设

第一节 高校图书馆概述

高校图书馆是为高校教学和科学研究服务的图书馆，是高校的文献情报中心。"高校图书馆是高校开展人才培养、师生服务和科学研究的重要基地之一。"[①]

一、高校图书馆与公共图书馆的区别

与公共图书馆相比，高校图书馆特征鲜明，主要表现在七个方面：

第一，服务目的不同。高校图书馆的目的主要是为在校学生学习专业知识以及为教师教学科研服务。为了达到这一目的，图书馆必须与本学校各学院和专业建立密切联系，资源配置、服务内容与方式要适应各学院、各学科需要，还要根据教师、研究生和本科生等不同层次的读者，制定相应的服务规则，以提高服务的针对性和效率。而公共图书馆的目的是侧重于满足公民学习文化知识，普及科学常识，培养读书兴趣，提高全民素质。

第二，服务对象不同。高校图书馆的主要服务对象是在校学生和教职员工。高校图书馆的读者除了具有公共图书馆读者的基本特征外，还具有自己的特征，那就是专业知识的传授和学习。公共图书馆的服务对象比较广泛，包括各种职业、各种年龄和各种文化程度的读者。读者需求大同小异，大多数是满足自己的阅读爱好、休闲欣赏等，公共图书馆主要配置种类丰富、复本量较多的文学著作、历史文献、科普作品等资源。

---

① 朱稼菁.高校图书馆网格化管理现状研究及建议[J].采写编，2022，（12）：190.

第三，服务项目不同。正是由于服务目的不同，使得高校图书馆和公共图书馆所提供的服务项目也不一样。高校图书馆除了传统的图书借阅之外，还提供参考咨询、查新查引、学科馆员等服务，以满足读者科学研究、学术交流的需要。特别是信息技术的应用，高校图书馆提供网上检索下载、资源发现、知识管理等专业化服务，而极少提供书店、书法、娱乐或者餐饮之类的服务。公共图书馆考虑到读者需求，特别是老人和幼儿读者的需要，在幼儿教育、老人保健、科普常识等方面提供讲座、辅导、展览等，而且还配套有图书代邮、幼儿看护、老人急救、餐饮等服务。

第四，获取服务方式不同。高校图书馆的服务对象是在校注册学生和教职员工，采取的是"一卡通"自助式服务方式。在校学生和教职员工读者都有一张能就餐、就医、借书、缴费等功能的校园"一卡通"。读者持卡进入图书馆，经过专门培训后熟悉借阅设备和规程。凭"一卡通"，读者可以进行图书馆自助借还书、预约座位、自助打印复印等。公共图书馆的服务对象是所有公民，已经实现无障碍、零门槛进入，凭身份证即可享受服务，读者需求的个性化不是很强，相应的服务程序也比较一致。

第五，图书资源配置不同。高校图书馆资源配置，无论是内容还是数量，都是根据本校学科特点来进行布局的。在内容方面，配置的是涵盖本校所有学科的资源，没有的学科基本不会配置或者少量配置。在数量上，一般一种书的复本数不会超过3本。公共图书馆配置的图书考虑到读者的文化层次参差不齐，一般偏向于文学、艺术、科普等大众读物，而且复本数量较大。

第六，经费来源不同。高校图书馆经费从学校办学经费中划拨。公共图书馆经费来源于政府拨款，如省图书馆、市县图书馆都是省、市政府财政支持。

第七，馆舍布局不同。由于高校空间有限，为了提高空间利用率，高校图书馆内一般设置书库、阅览室和少量小型学习研讨室。公共图书馆一般设立在城市中心，交通便利，方便读者到馆。除了空间大、座位多外，还有餐饮、书店、停车场等配套设施。近年来，公共图书馆为了方便读者借还图书，还在一些人口密集的社区或街道安装了自助借还书机。图书馆最基本的职能就是为公众服务，帮助人类学习知识，传承文明。在一些国家，高校图书馆与公共图书馆没有太大区别，任何人都可以利用图书馆。而在我国，尽管政府极力倡导高校图书馆面向社会读者开放，但由于图书资源和馆员人力的限制，加上存在的七个方面的差异，所以一般高校图书馆只对本校读者开放。

二、高校图书馆的特征

（一）高校图书馆的读者特征

第一，读者需求具有稳定性。由于高校主要是向学生系统地传授专业知识，教学内容具有相对稳定性，加上专业设置和教学计划一般也比较稳定，因此读者对教学参考书的品种和数量的需求是经常性的、比较稳定的。

第二，读者用书具有集中性。由于教学按教学计划、教学大纲进行，有统一的进度，读者用书具有较强的集中性：①用书的品种集中于正在进行教学的有关课程的主要参考书刊上；②读者对教学参考书的用书时间集中。为此，图书馆对需求量大的参考书一般都保证一定的复本量。

第三，文献的收集和组织管理须适应本校的特点。在文献收集上以本校专业设置和科学研究项目为依据，全面收藏专业文献，重点收藏相关学科和边缘学科文献，适当收藏一般文献。藏书要能反映当代科学发展水平。在组织管理上可根据本校情况划分为文科、理科书库及阅览室，也可按专业组织藏书和划分阅览室，还可按教师、研究生、大学生分别设置阅览室或图书馆（分馆）。

第四，高校图书馆与系（院、所）图书馆（资料室）须互相配合，各负其责。总图书馆一般收藏各个专业的基本理论著作，各科综合性、交叉、边缘与新兴学科的文献和各种参考工具书，并适当收藏供课外阅读的书刊。系（院、所）图书馆（资料室）主要收藏专业资料，尤其是较专深的专业资料和各种工具书。

（二）高校图书馆的学科特征

高校图书馆建设始终是围绕高校学科建设服务的，也是图书馆为适应新的信息环境的需要。学科研究和学科发展始终是高校提升质量和迅速发展的主题。因此，在图书馆建设过程中，需要根据学科研究和学科建设需要，按照学科专业建设和文献工作流程，组织存储和编辑文献科技信息，使文献获取、检索、传递信息化，从而使高校图书馆的文献信息学科化，优化文献服务职能。

在高校图书馆数据库建设过程中，须按照学科专业需求对文献信息进行科学编辑，整理成信息化的文献信息图书馆，开发学科专业数据库，建立学科种类系统化数据库体系。优先建设学科专业相关文献和重点建设学科文献数据库，通过学科专业文献数据库建设，促进各个学科教学科研快速发展，充分有效地利用图书馆的文献库资源，提高图书使用效率。

（三）高校图书馆的教育特征

高校图书馆的最重要的特征就是教育功能。高校图书馆是学校教育的第二课堂。因此，根据学校学科建设和学生知识传授的需要进行专业知识教育是高校图书馆的基本要求。提升教育教学质量，与高校图书馆在教学、科研工作方面的作用是分不开的。因此，高校图书馆建设需要适应高校专业教育教学、科研需求，以及专业课的课堂教学和教学实践需要，这样才能真正培养学生专业知识和技能。

（四）高校图书馆的信息与数字特征

随着现代科技的迅速发展，科学知识体系日趋庞大。如何在浩瀚的知识海洋里寻找知识方向，捕捉和有效利用丰富的文化信息，是高校图书馆需要为读者提供的基本服务。因此，高校图书馆加强文献知识的信息化管理是有效提高图书馆功能的重要手段。各种知识不再局限纸质文献，多媒体和光盘文献成为高校图书馆信息化管理的重要途径。信息资源的数字化特征明显显现，从而使信息资源海量化、动态化，提高了信息资源的共享性。

三、高校图书馆的教育职能

（一）提供专业知识更新的基地

高校图书馆是知识的宝库，根据学校教学和科研的需要，搜集、整理和保存了最为齐全和系统的文献资料资源。高校图书馆作为大学生专业教育的"第二课堂"既能为学习有困难的学生提供启发和帮助，又能为有能力的学生提供充分发展的广阔空间，它是高校课堂教学必不可缺的补充。

图书馆作为大学生专业教育的"第二课堂"的另一个作用是更新知识。现代社会发展，科技进步日新月异，知识的老化异常迅速，不断地更新知识，进行终身教育已成为现代教育的重要特征。因此，大学生必须在课余时间利用图书馆的最新文献信息，汲取新的专业知识，了解学科的发展方向，否则就无法全面理解、融会贯通教师讲授的知识，更谈不上主动去探寻和掌握最新的专业知识。

（二）提供培养综合素质的场所

现代高等教育强调"方法"的学习以及学习能力的培养，尤其是独立获取、分析、处理信息的独立学习能力，也是公认的大学生必备基本素质之一。在利用图书馆的过程中，接受文献信息知识与技能的教育，在科学的指导下进行实践，无疑培养大学生信息意识，形成独立学习能力，提高自身综合素质的最佳途径。

另外，大学生利用图书馆的丰富藏书，广泛阅读古今中外的社会科学、自然科学著作，对开阔知识视野，拓宽思维空间，提高文化修养，构建大学生合理的知识结构有着不可取代的作用。

（三）支持教学和科研工作

高校图书馆是学校教学和科研工作的重要组成部分，它应配合学校的教学和科研，向读者提供文献资料、情报信息，使读者获得知识、受到教育。一个青年学生要在大学阶段，培养成为德、智、体、美、劳全面发展的高级专业人才，单靠课堂教学已远远不够。因为课堂教学受到专业范围、教材内容、教师水平、课程时数等诸多因素的制约。而图书馆有丰富的文献资料，学生可以在里面进行广泛的学习。这样，图书馆就起了消化、充实、扩展课堂学习内容的作用，同时学生在其中不仅能扩大知识视野，还能增加信息量。因此，人们把图书馆看成是发展教育、培养人才的重要基地不无道理。

（四）提供宣传社会主义精神文明建设的重要阵地

高校图书馆是社会主义精神文明建设的重要阵地，是对大学生进行思想政治教育的大课堂。青年时期既是学习知识的最佳时期，也是世界观形成的关键时期。在这个时期大学生有远大的抱负和理想，强烈的求知欲。他们的情绪波动性大，对周围环境的刺激很敏感，反应强烈而易动感情。

图书馆是大学生最喜爱的地方之一，我们应该充分发挥其教育职能，加强对大学生的思想政治教育，即主动地向他们提供一些精神食粮，帮助他们树立爱祖国、爱人民、爱劳动、爱科学、爱社会主义的思想，使他们具有对社会现象和个人行为进行比较、分析、综合、抽象、概括的能力，使他们具有判断是非、善恶、美丑的能力，使他们能掌握科学的思维方法，正确地看待社会问题和人生问题。

（五）营造自主学习环境

1. 高校图书馆拥有丰富的资源环境

高校图书馆拥有丰富的文献信息资源，随着科学技术飞速发展，高校图书馆不仅是高校文献信息的中心，也成为高校信息化的重要基地。高校图书馆的信息资源代表着最前沿的理论知识、学科内容以及研究成果等，这些内容丰富、形式多样的信息资源都是通过专业的图书馆信息技术组织形成的，社会上的其他机构和组织都无法与其相比。

实施动态更新的高校图书馆内的信息资源，能够让师生及时获取最新的资源信息，当自主学习者没有办法及时获得自己想要的文献资源时，自主学习者可以通过定向采集与整理加工的方式获取专题资源。

2. 高校图书馆拥有良好的人文环境

高校图书馆因拥有丰富的知识资源而被看作是一本巨大的百科全书，同时高校图书馆还拥有极佳的文化环境，这种环境主要是通过图书馆的建筑设计、图书馆中的资源布置、图书馆所提供的服务以及图书馆内群体的学习活动所构成的，属于一种特殊氛围。

在高校图书馆中其学习空间宽敞且雅静、馆藏资源丰富且有序、馆内展示充满特色，因而形成的文化氛围是高雅的、高品位的；幽静温馨的学习环境是读者的学习活动以及馆员的管理服务活动共同营造而形成的。这是一种平等的、开放的、规范化的服务精神环境，所提供的服务也是个性化的，图书馆所蕴藏着的道德意识以及价值观念潜移默化影响图书馆的每一位学习者。这种文化环境的形成，一方面源于自主学习者的自我心理支持，另一方面来自外部环境也就是图书馆内文化环境对自主学习者的支撑。

高校图书馆创设的环境是轻松且舒适的图书馆环境，学生不仅可以自由地支配与管理自己的学习活动，而且可以充分地展现自己的个性和学识才华。由此可见，高校图书馆是培养学生的自主学习能力的重要场所。

3. 高校图书馆拥有先进的技术环境

目前，高校图书馆都已经建立了属于自己的局域网，在局域网中可利用高

第一章 高校图书馆资源与资源建设

校的校园网络与国际互联网相连接，为学生提供丰富的网络信息服务。

高校图书馆利用建筑物理环境与网络环境相结合，形成一个具有开放性、互动性、共享性以及虚拟性等特点的复合型的信息平台，自主学习者在这个环境中进行学习和研究。

高校图书馆为学生提供信息服务的方式主要有两种：一是自身蕴藏的丰富的知识存储；二是先进的现代化信息技术，丰富的知识存储和现代化的信息技术互相融合，提高了学生获取信息的速度和能力，加强学生自主学习的意识。

具备现代化信息技术的图书馆，学生通过数字化的信息资源资料和虚拟学习社区等方式就能够完成学习活动，在遇到问题时可通过系统平台等方式咨询找到解决的办法，并在学习的过程中不断发现问题，进行自我检查与自我评价。

4. 高校图书馆拥有温馨的服务环境

高校图书馆的办馆宗旨是读者第一，服务育人。以人为本的高校图书馆的服务理念，在这种精神的影响下，图书馆需要主动地、有创造性地为读者提供优质的服务。高校图书馆的部分馆员图书馆学毕业以及文献信息学的专业人员，经过了专业的训练，能够科学地分析信息、评价信息、筛选信息与组织信息，为读者提供个性化服务，他们可以正确引导自主学习者合理地利用文献资源。

高校图书馆的馆员，在为学习者提供知识和技术服务的同时，还要努力做到让读者满意。根据自主学习者反馈的内容以及提出的要求不断改进服务的方式。自主学习者在学习的过程也会感受到图书馆员的热情服务，有助于激发自主学习者的动力。

5. 高校图书馆拥有开放式的自主学习环境

学生的学习是一个动态的发展的过程，学生的自主学习环境需要处在开放的状态下，学习者在这个过程中，利用各种资源进行重构，建立自己需要的学习环境。通过以读者中心，促进读者间的互动，读者与馆员的互动，对于不同类型的读者，开设与之相符合的专属学习空间。学生自主学习环境的创设，也是高校图书馆促进学生自主学习的途径。

第二节 高校图书馆资源利用现状与建议

一、高校图书馆资源利用现状

目前，高校图书馆是负责高校的信息收集、传播、管理的部门之一，作为给高校师生提供教学以及科学研究服务的重点场所。现在各个高校新建的图书馆面积增大，图书馆内物理空间布局为了迎合读者地需要，纸质图书采购在不断增加，但是数字资源的采购费和以往比较也成倍地增加。"随着高校教育的创新和变革，图书馆中的管理工作也发生了变化，让学生和教师更加积极地利用图书馆资源。"[1] 高校图书馆资源不只是纸质资源以及数字资源，还包括馆内场所的合理应用，图书馆中的工作人员给读者教学科研提供各种类型的服务，图书馆的信息服务大有可为，需要主动渗透到高校的教学科研中。下面解读高校图书馆资源利用发展现状。

第一，从图书借阅情况来看，目前高校图书馆的纸质图书借阅量呈逐年下降趋势。随着电子资源的普及，越来越多的学生选择在电子平台上阅读书籍，而不是传统的纸质书籍。此外，由于课程设置和学术研究的需求，部分专业书籍的借阅量也相对较高。

第二，从数字资源的使用情况来看，高校图书馆的电子资源使用率呈逐年上升趋势。电子资源具有便捷、高效、更新快等优点，受到广大师生的欢迎。同时，高校图书馆也在不断加强数字资源的建设，引进更多的电子期刊和数据库等。

第三，从空间利用情况来看，高校图书馆的空间利用率普遍较高。除了传统的阅读区外，许多图书馆还设置了学习空间、讨论室、创客空间等多样化的学习空间，以满足不同学生的需求。

第四，从服务角度来看，高校图书馆在不断加强个性化服务和学科服务。许多图书馆都设立了学科服务馆员制度，为学生提供更加专业的学科指导和咨

---

[1] 王亚棉. 如何提升高校图书馆资源利用 [J]. 北方文学，2019，（18）：150.

询服务。同时，图书馆还通过开展读书节、文化讲座等活动，增强学生的文化素养和阅读兴趣。

此外，现有的高校系统包括：中国高等教育文献保障系统、中国高校人文社会科学文献中心、天津高校图书馆文献资源共享体系、重庆大学城资源共享平台。

二、高校图书馆资源利用的提升策略

第一，按照专业以及学科的发展采购图书。高校图书馆可以根据阅读者使用图书馆文献资源的目标将其分成多个部分，把读者划分成研究性、拓展性、教育性等群体。图书馆需要调查不同层面读者的需求，掌握每个专业的文献保证，了解每个专业在教学以及科研中对文献的需求，然后有针对性、有计划性做好书籍采购。

第二，整合资源内容。高校图书馆想要将实体资源和虚拟资源整合在一起，需要把所有资源都信息化，把同种类型书籍、报刊的多种形式整合在一起，省去冗余的信息，将有关信息结合在一起，和有关资料连接。除了把资源形式信息化以外，将资料按照学科的内容整合在一起也是非常重要的，图书经过工作人员的分类后，在保证更多信息资源完整的基础上，充分对资料进行分类，整合拥有新的组织结构以及功能的系统化资源体制。

第三，注重开展多种活动促进师生主动阅读。全面、权威、专业都是高校图书馆资源的特征，图书馆可以按照不同的主题，在不同时间段，展开各种各样的活动，构建完善的制度。在高校中，每个学期围绕世界读书日将现有的书籍资源整合起来，举办将近一个活动期限为两个月的活动，然后使阅读者阅读书籍。每年寒暑假都是高校师生自由阅读的时间，于是高校可以实施假期读书计划，引导学生在假期中读书。由于在假期期间，教师和学生都不在学校，这个时候可以将读书计划和电子数据移动图书馆结合起来，推送给师生，供其阅读。

第四，创设优美的教学环境。重新改造阅读空间的目的是创设舒适、方便的读书环境，为了吸引更多的读者到图书馆学习、借阅。例如：充分合理使用图书馆的有限空间，可以在楼道中设计文化墙或者创设特色文化氛围，调动阅读者的兴趣；在较宽广的位置摆放可供休息的沙发、躺椅，给师生的休息提供方便。另外一种可以建立供读者打印的教室，给长时间阅读的师生提供方便。

第五，创新教学模式构建完善的教学体系。高校教师在教学的时候应该改变传统的教学模式，重视授人以渔的教学形式，带领学生经过科学的形式取得自己需要的内容，高校的课堂教学模式受教师、考核机制、学生等多方面因素的影响。所以在这个阶段教学中，可以经过强调预习培养学生自主学习的能力。在经过图书馆资源使用考核的基础上，在上课前布置思考问题，在课堂上提问，使学生主动使用图书馆的文献信息资源。

第六，构建完善的新生入馆教育考核系统构建完善的新生入馆教育系统，重视对新生的入馆考核，这是提升读者对图书资源的认知程度以及操作能力的有效途径。使新生对图书馆资源有更深层次的了解，图书馆设计宣传图书馆资源以及使用方法的单页或者是海报，其内容主要分为两个：①图书馆使用指南以及入馆考核指南；②移动图书馆的注册方式以及具体使用方法。高校在给学生发放录取通知书的时候，可以将这样的海报或者卡片一起邮寄给新生。新生入学经过系统测试，在48小时内给学生开通图书节约功能；如果测试没有通过，需要到测试通过之后才可以借阅图书。

第七，对阅读者的反馈及时回应。使用线上更新图书馆的动态，发布公告，使读者及时了解图书馆的安排，可以在图书馆大厅布置一个意见箱，并且要求所有的工作人员都要承担解答阅读者咨询的工作，有耐心地给予读者在图书归还等方面的询问以解答。除了要重视反馈到微信公众号中的投诉以及意见，还要研发一个自动回复功能，在非工作时间段读者提出的问题也能得到解决，如果自动回复解决不了的问题就在工作时间及时交由工作人员处理。

总之，处于复合型资源不断增加的状况下，需要均衡实体资源以及虚拟资源在图书馆中的作用。高校图书馆在丰富资源的时候，需要重视使用资源，特别是整合资源，强化理论的研究以及实践。提升资源的利用率还需要各个高校以及部门的长期配合，推动国内高校图书馆资源利用的稳定发展。

第三节 高校图书馆资源建设的原则

高校图书馆作为高校办学的支柱之一，承担着为教学和科研服务的重任，其基础和核心的工作就是文献资源建设。文献资源建设的质量反映着高校图书馆的水平，决定着高校培养人才质量的高低，同时，其水平也是高校总体水平的重要标志。因此，高校图书馆在文献资源建设时，应密切关注本校的教学与科研需求，根据学校的发展方向、专业设置与教学计划的安排，制订科学、合理的采购计划，结合学生课外阅读需要开展专业文献资源建设，加强社会科学、人文科学和综合性知识类文献资源的收藏。高校图书馆资源建设的原则如下：

一、高校图书馆资源建设的系统性原则

系统是有组织（有序）、有层次的事物集合体，高校图书馆在文献资源建设过程中，应保持学科专业文献在内容上的历史连续性和学科的完整性，反映出每一专业领域发展变化的过程，并体现最新的研究成果，特别是对反映某一专业发展过程的连续出版物要无间断地收藏，对因各种原因没有收藏的那一部分要设法进行补充，以保证其完整无缺。还应刻意保持交叉学科、边缘学科、新学科的文献在馆藏文献资源中占有一定的比例，以反映学科之间内在的横向联系，从而形成一个系统连贯、比例合适的完整馆藏文献资源体系。

网络环境下，高校图书馆还应注意掌握和发挥印刷型文献、电子文献和各种网络文献资源的特点和优势，使其优势互补、协调发展，从而形成连续系统、完整统一的馆藏体系，为读者提供全面、系统、便捷的服务。

二、高校图书馆资源建设的思想性原则

国家把文化建设放在十分重要的位置，强调推动社会主义文化大发展和大繁荣。在文化建设的过程中，高校图书馆承担着十分重要的责任与任务。高校图书馆为社会服务的物质基础是馆藏文献资源，而馆藏文献资源是通过高校

图书馆自身的文献资源建设构建起来的。因此，高校图书馆在文献资源建设中应主动适应社会主义文化建设的基本要求，收藏有利于人们树立正确的世界观、人生观、价值观，形成良好社会公德的文献资源，如学术价值和艺术价值高的文献资源，并要充分发挥馆藏文献资源对人们世界观、价值观及行为方式形成的积极作用，以体现馆藏文献资源建设为社会主义文化建设服务的思想性原则。

三、高校图书馆资源建设的针对性原则

知识激增、信息爆炸，书刊数量迅速增长，各高校学科专业扩展较快。随着网络信息的扩大，智能化生活环境的增多，新的技术平台与信息环境对高校图书馆的馆藏建设和服务提出了新的要求。面对这种形势，作为高校的服务性机构，高校图书馆应根据本校办学规模、办学水平、学科特色、经费投入、读者服务特点和需求等情况，有针对性地收集、开发和利用各种有价值的文献资源，在经费有限的情况下，避免馆藏文献"大而全"，坚持"藏以致用""以用为主"的藏书建设原则，真正从高校的实际需求出发，收藏符合本校学科专业要求，满足师生读者需要的文献资料，以有限的资金建设"专而精"并具有针对性的馆藏文献资源。

四、高校图书馆资源建设的效益性原则

文献资源建设的根本目的是开发利用资源，使资源建设发挥出最大的使用效益。高校图书馆馆藏文献资源建设同高校图书馆的经济效益密切相关。馆藏文献资源建设得越好，图书馆提供给读者的就是越完善、越有用的文献资料，其发挥的社会效益同馆藏文献资源的建设程度成正比。

效益性原则是高校图书馆馆藏文献资源合理构成和配置的重要依据。馆藏资源的利用率是馆藏资源使用效益的最佳体现。高校图书馆应掌握不同层次读者的不同需求和需求变化，根据资源利用情况，及时合理调整资金投向，尽快实现资源共享，以提高文献资源的使用效益。

五、高校图书馆资源建设的协调共享原则

协调共享原则即分工合作、资源共享原则。高校图书馆与其他图书馆联合，或积极参加地区、系统及全国性的文献保障体系建设，如全国高校文献资源保障中心、国家科技图书文献中心等，走"整体规划、合理布局、优化结构、相对集中、互补共享"之路。建立学科、类型、地区有机结合，整体与层次互为补充的文献资源保障系统，在该系统中各高校图书馆分工承担文献资源的收藏，通过文献传递、馆际互借等方式实现资源互补与共享，缓解高校图书馆来自经费和场地等方面的压力，发挥高校图书馆的整体优势。

第二章
高校图书馆信息资源建设的内容

第一节 高校图书馆信息资源概述

一、信息与信息资源建设

（一）信息资源

自人类文明起源开始，人类的生存、生活、发展、学习都离不开信息。随着步入"互联网+"和大数据时代，信息已经深入人类生产生活的每一个角落，人类生活离不开信息。信息的特点包括：信息的海量化、信息的微内容化、信息的双向交流性、信息以用户为中心、信息的大众化和分散化、信息的语义化、信息的碎片化、信息类型多样化。

从信息的角度来看，信息资源具有以下几种属性：

第一，知识性。人类社会认识和改造世界的精神产物是信息资源，它总是建立在不断地继承和借鉴前人认识世界和改造世界的成果之上。信息资源的利用、开发、发展、产生等与人类的脑力劳动密不可分。信息资源积累着人类认识和改造世界的知识，凝聚着人类的智慧，因此，一定的信息资源总是反映着一定地区和社会的知识水平。

第二，有限性。信息是普遍存在的、无限的，而信息资源则是经过人类选择的或供人类利用的有用的那一部分，只是信息极其有限的一部分。另外，人类对信息资源的需求是无限的，而信息资源则是有限的。

第三，有序性。经过人类加工组织的、可存取的、有序化的信息集合是信息资源，所以拥有有序性。

第四，再生性。信息资源在绝大多数情况下必须依附于一定的物质载体之上才能保存、传递和利用，但信息资源本身往往并不会因为其附着的物质载体的自然消亡而消亡，也不会因为曾经被人利用过而失去其价值，只要有合适的载体，信息资源可以被反复利用、复制、传递和再生。从这个角度来说，信息资源具有再生性。

第五，共享性。由于信息资源可以多次反复地被不同的人利用，并且在利用过程中信息不仅不会被消耗掉，反而会不断地得到扩充和升华。在理想条件下，信息资源可以反复交换、多次分配、共享使用。

第六，人工性。自然资源可以不需要经过人工干预而存在，而信息资源则不同。只有经过人类开发和组织的信息的集合才可能成为信息资源。信息资源的生产、形成、收集、组织、建设和开发利用，都离不开人类的参与。

第七，扩散性。信息资源经由特定的渠道，在时间和空间上进行传播，可以为不同的人所利用。信息资源的可扩散性与信息传递技术密切相关，即传递技术发展越快，信息资源传播的速度就越快，人们利用信息资源的速度就越快。

（二）信息资源建设

随着信息化程度的日趋强化，用户对信息的全方位需求越来越强烈。加强信息资源建设，提高信息资源质量，更好地服务用户，成为现代图书馆的重要任务与使命。信息资源建设主要是指信息资源建设，即数据库的建设。

现代信息资源建设可分为宏观和微观两个不同层次，下面分别进行讨论。

1. 宏观层次的信息资源建设

宏观层次的信息资源建设是一种战略性建设，一般由国家有关部门运用经济、法律和必要的行政手段加以实施，在宏观层次上用国家的相关政策、法规、条例等来组织、协调信息的生产和开发利用活动，使信息按照国家宏观调控的目标，在不影响国家信息主权和信息安全的前提下得到最合理的开发和最有效的利用。因此，宏观层次的基本任务是：

（1）研究制定现代信息资源建设的方针政策、规划和策略，使现代信息资源建设活动在国家的宏观统一指导下，有条不紊地进行，使各类信息资源更加并行不悖地开发利用，与社会发展同步，以便很好地满足国民经济和社会发展的总体需要。

（2）研究制定现代信息资源建设的法律、规章和条例，建立现代信息资源建设的监督和保障体系，使现代信息资源建设做到有法可依，有章可循，使生产和开发的信息能得到充分、及时和有效利用。

（3）综合运用经济、法律和行政手段与各领域、各层次、各系统之间的关系，明确他们的责、权、利，使现代信息资源的开发利用在平等互利的基础上最大限度地实现资源的共建共享。

（4）建立国家信息基础设施和网络平台，使现代信息资源建设有好的硬件环境条件。

2. 微观层次的信息资源建设

微观层次的现代信息建设一般指的是信息机构、大专院校、政府各部门、企业、农村等基层具体组织负责实施的单位。其主要任务是根据所面向对象的各类人员对信息的需求，合理组织和开发利用现代信息资源，向他们提供有价值的现代信息资源。因此，微观层次的基本任务是：①调查了解所面向对象人员对信息需求的情况，研究制定现代信息资源建设方案，以最大限度地满足不同人员的信息需求；②选择适用信息技术，建设内部信息系统和网络，确定信息加工处理、存贮、检索和传递方法，使得内部信息得到支撑和保障；③对现代信息资源建设的成效进行评价，为改善现代信息资源的建设和开发利用提供依据。

二、高校图书馆信息资源服务的新要求与发展趋势

（一）高校图书馆信息资源服务的新要求

信息资源是为读者提供一切服务的物质基础，同时也是其发展始终处于可持续状态的根本前提条件。"信息服务是高校图书馆的最基本服务，在全面加快高等教育高质量发展步伐的时代大背景之下，全面提升高校图书馆信息资源服务能力，为高校教师与学生提供全面而又及时的信息资源保障固然成为重中之重。"[①] 面对全媒体时代的到来，高校图书馆信息资源服务水平的全面提升依然要始终坚持以读者为中心的理念，在资源建设与管理方面始终要有一套健

---

① 宋静. 高校图书馆信息资源服务研究[J]. 大众文艺，2023，（04）：103.

第二章 高校图书馆信息资源建设的内容

全的服务机制作为重要支撑条件，从而为高校学生学习和教师教学与科研工作的全面开展提供高质量信息服务。

高校图书馆信息资源服务的新要求如下：

1. 增强自身服务意识

高校图书馆有着得天独厚的信息资源优势，通过各种自媒体传播路径组织相关线上培训和讲座活动，必然能够确保高校图书馆信息资源社会服务作用的进一步挖掘，从而为区域范围内公众信息资源获取程度的有效提升提供有力保障。另外，条件较为理想的高校图书馆可针对学者各领域的专业需求，向其提供个性化的专业服务，让读者对信息的切实需要能够得到全面满足。在这一过程里，服务的模式为"1对1"和"全程化"，让图书馆信息资源的作用能够得到更深层次体现。

2. 以读者为对象，细分信息资源服务

（1）基于普通读者的信息资源建设和服务策略。高校图书馆信息资源服务的对象为全体读者，而每一位读者对于信息资源需求也具有一定的差异性特征。因此，高校图书馆在全面提升信息资源服务水平方面，可以先将读者对于信息资源的需求类型进行划分，按照每种需求的具体规律和特点，不断完善图书馆藏信息资源。最后则通过读者普遍使用的信息资源获取方式，将图书馆的服务信息推送至每一位读者。这样不仅可以减少读者信息查阅的时间，有效提升信息资源服务的效率，更能让读者对高校图书馆信息资源建设提出自己的想法和建议，这些显然都是高校图书馆有效强化信息资源服务水平的重要依据所在。

（2）基于重点读者的信息资源建设和服务策略。高校图书馆信息资源服务的对象主要为高校教师和学生，学生的信息资源需求往往较为具有同一性的特点，往往并不具备较强的专业性。而高校教师则并非如此，由于每一位高校教育工作者都要从事教学和科研工作，对于信息资源的专业度要求较高，同时对这些信息资源的获取量较大，所以为之提供海量前沿性和专业性信息资源显然是高校图书馆信息资源服务的重中之重。在此期间，图书馆全体工作人员要针对广大教师教学工作开展情况，以及科研项目的进展情况予以跟进，及时了解他们对学术期刊、学术论文、特色专题资源的需求方向，从而将图书馆藏信息资源不断进行深入挖掘，并且与其他高校之间建立图书馆信息资源共享平台，力求广大高校教师日常信息资源获取变得更加方便、快捷。除此之外，还要针对广大高校教师信息资源获取情况建立个人档案，接受馆藏信息资源和共享信息资源的预定，最大限度满足这些重点读者对于图书馆信息资源的迫切需求，以此促进高校图书馆信息资源建设水平和服务水平的不断提升。

3. 信息资源整合，做好调整与调控

在全面加强图书馆信息化建设工作的过程中，每所高校要在管理工作方面提起高度重视，力求做到在图书馆信息资源整合与共享道路中避免任何风险的产生。

管理层要高度明确图书馆信息资源整合与共享服务平台构建与发展的战略方向和战略目标，从而制定出战略管理的实施计划与细则，由此避免信息化资源整合与服务的整体方向出现偏离、操作存在不规范、考虑的视角存在漏洞等现象的产生。

在资源整合与共享平台的应用过程中，要确保有专门的高技术型人才为之提供维护，并且还要做到不断将平台本身进行升级改造，以此来保障高校图书馆信息资源整合与共享平台的服务作用达到最大化。

馆内服务人员要在信息资源整合与共享过程中，实时进行观察、监督、指导工作，确保信息资源整合的全过程始终能够处于规范与合理的状态之下，并且信息资源共享的过程能够根据读者切实需求全面开展。另外还要将信息资源整合与共享的实施计划根据读者需求的整体变化趋势及时作出调整，以此为避免图书馆信息资源整合与共享过程操作风险的出现提供重要保证。

4. 革新服务形式，进行个性化服务

（1）需求分析的形式要不断进行革新。高校图书馆在满足读者切实需求的过程中，显然要针对其日常的信息资源搜索习惯与特点，以及浏览的规律进行全方位了解，而这也意味着图书馆自身要全面加强需求分析模型的全面构建和优化工作，进而让需求分析模型能够对读者信息资源获取过程的相关数据进行全面挖掘，并且将其进行深层次的数据分析，让读者对信息资源的需求能够清晰呈现出来，这样才能为有效匹配相关信息资源提供有利前提。

（2）信息资源匹配的及时性要不断提升。在高校图书馆信息资源服务水平全面提升的道路中，了解读者信息资源需求情况，为之提供有针对性的资源配置方案显然是基础所在，而关键一环则是要确保资源匹配的及时性始终处于提升状态。在这里，要始终与读者之间保持"生态互动"。具体而言，就是根据高校学生和高校教师在日常学习与教学活动所处的具体环境，有针对性地作出需求分析和预测，并将预测结果和应对方案纳入数据库之中，最后再根据读者的切实需求第一时间作出调整，进而为读者提供具有个性化的信息资源服务。

（3）新技术的全面融合。面对当今信息技术发展步伐的不断加快，信息捕捉、处理、存储、共享技术的创新与升级速度也在不断加快，高校图书馆信息资源体系更新与换代显然也有了更为先进的技术支撑条件。因此，可将大数据、人工智能、云存储与云分析技术作为重要的结合方向，从而为不断创新高校图书馆信息资源个性化信息服务形式提供重要的技术支撑条件。

5. 突出"特色"，强化特色馆藏建设

在高度信息化的现实社会大背景之下，高校图书馆信息资源的建设要突出"特色"和"体系"相融合的特点，让图书馆自身的特色更加鲜明的同时，突出高校办学道路中的独有特色，这样才能让高校图书馆信息资源的利用率实现最大化，并且呈现出极为丰富的馆藏信息资源。

高校图书馆信息资源建设提出了更高要求，其中既要强调信息更新的及时性，同时还要不断增加数字化建设的力度，从而让学校科研成果能够在第一时间被收录至图书馆文献资源序列之中，始终保持最大限度体现自身特色的状态，而这无疑也是全面增强特色服务的有利条件。

6. 强化人才培养，提升工作人员综合信息素养

在网络信息时代，高校图书馆工作人员的信息素养水平显然会直接影响信息资源服务的整体水平，所以在全面提升高校图书馆信息资源服务水平的道路中，必须将全面工作人员的信息素养放在重要位置。

（1）全面加强技术型人才的引进，并且以此为骨干积极开展全馆工作人员信息素养培训工作，让技术型人才在全面增强图书馆全体工作人员信息素养的道路中发挥带头作用，实现汇聚全馆智慧最终成就图书馆信息资源服务的高质量发展。

（2）打造一套系统化的人才资源管理机制，始终能够调动人才参与全面提升高校图书馆信息资源服务体系构建的积极性，让创造性思维始终能够与信息资源服务紧密联系在一起，不断提升其信息服务质量。

（3）全面开展馆内工作人员信息素养综合培训活动，做到全员化掌握现代信息技术的同时，更能深刻体会到一切相关信息资源运行全过程都必须在规范的操作下进行。其间，既要开展短期培训活动，还要定期组织专业性交流活动，让全体工作人员充分了解前沿信息技术的同时，能够对自身的信息技术水平不断加以深化，以此来保证图书馆能够将优质的信息资源推送至每一位读者，最大程度满足读者对于文献信息资源的切实需要。

总之，当今时代是人们对于信息无限渴望的时代，信息需求量的与日俱增是最为直接的表达，特别是当今高校教师与学生，对于前沿信息更是高度渴望。因此，高校图书馆信息资源服务水平的不断提升也是全面促进高校人才培养质量的重要突破口之一，利用先进技术和开展先进管理工作无疑是将资源与服务有机融合为一体的理想选择，而不断强化这两方面也是高校图书馆不断强化信息资源服务水平道路中始终关注的焦点。

7. 提升数字化建设水平，建设数据库

面对信息化发展进程不断加快的时代大背景，高校图书馆信息资源服务水平的全面提升必然要将信息化建设作为重中之重，让馆藏文献资源能够通过信息技术手段传递至读者，从而方可实现资源服务的作用最大化发挥出来。在这里，数字化建设自然成为必由之路。

在信息资源的数字化建设中，还要根据资源的类型与属性进行库别划分，形成多个图书分库，如：目录数据库、专题性数据库、索引型数据库、电子读物数据库、学术期刊数据库、特色型数据库等，这些类型图书分库的形成不仅可以让读者更加方便、快捷地进行资源查找，更能以最快的速度进行资源浏览和下载，充分体现高校图书馆信息资源服务的高效率。最后，还要意识到数据库本身对读者信息资源查找习惯的收集和整理功能的建设，做到根据读者信息资源搜索记录，为其提供相关馆藏资源信息的推荐，进一步提高图书馆信息资源服务水平。

（二）高校图书馆信息资源建设发展趋势

1. "用户中心"理念更深入

如今，高校用户需求成为图书馆信息资源建设的主导因素，坚持"以读者为中心"成为核心理念。传统信息资源建设虽也考虑用户的文献需求，但更加注重馆藏资源的数量与特色，对于用户信息服务的丰富性、个性化、便利性等服务需要考虑较少。新用户环境与新技术环境下，信息资源的类型、传输方式、阅读方式等发生了巨大变化，满足用户需求需要高校图书馆引入现代公共服务理论，利用新理念、新技术不断满足用户的信息服务需求，凸显自身在教学、科研中的职能发挥。现阶段，高校公共图书馆信息资源体系优化的重点涵盖信息资源丰富性建设、智慧（个性化）信息服务升级、数据信息资源安全防范等。较高的用户综合素养也对高校图书馆信息资源的系统性、准确性与便捷性要求有所提升，用户需求成为推动图书馆进行动态信息资源建设优化的重要驱动力。

2. 精准化感知趋势更明显

随着智慧图书馆建设的深入，各项新兴信息技术逐步应用于高校图书馆，使得馆员工作量大幅降低，基础信息资源整合与服务效率提升明显。从用户服务的角度分析，信息资源服务优化实际上是用户现实阅读需求、用户信息获取、用户阅读体验的精准感知与预测。5G通信、互联网、云计算等技术结合组成的"万物互联"将图书馆、信息资源、用户联系在一起，使图书馆具备信息资源的精准化统计与检索能力，同时能够根据用户需求制定个性化服务方案，减少资源的重复建设与引入，有效提升馆藏资源的合理性与科学性，同时促进用户之间的信息共享与交流。

3. 个性化服务需求更迫切

多年建设积累使高校图书馆信息资源量呈指数型增长，用户在馆藏资源或数据库中检索目标文献的难度有所提升，检索准确率有所下降。随着智能移动终端的快速普及，用户的检索与阅读习惯发生了根本性变化，根据排架信息或通过单个数据库查询、获取文献已不能满足用户的应用需求。用户希望图书馆能够通过资源的二次整合淡化资源类型特征，实现资源结构优化整合，满足其在学科、科研中的个性化需求，并提供"一站式"检索与传输服务，简化资源供给服务流程。在此需求导向之下，部分高校图书馆已经开始进行信息资源的智慧化建设，将跨类型、跨学科的信息资源进行精准整合，突出信息资源供给中的服务属性，为用户提供个性化、便捷化的信息资源服务。

总之，信息化发展已进入全面渗透、跨界合作与多元创新的新阶段，高校图书馆应立足实际，把握历史机遇，强化自有优势资源分析，破除发展瓶颈，顺应新时期高校图书馆信息资源建设趋势。在信息资源体系优化过程中，高校图书馆应强化用户调研、科学规划、技术应用与框架完善，以此来掌握用户的动态需求，提升文献采选质量，扩大资源共享范围，细化建设过程管控，强化信息资源安全保障，为在校师生提供理想的信息共享与创新交流平台。

第二节　高校图书馆信息资源采访

一、高校图书馆信息资源采访质量的影响因素

"作为高校的信息文化中心，高校图书馆在为高校的教学和科研提供服务时，必须既要利用传统常规方法，也要利用当今高新科技做好资源建设的采访工作，把好文献资源入口关，避免文献资源采购的盲目性和随意性，从而保证文献资源建设的质量，更好地发挥高校图书馆对教学和科研的服务作用。"[1]高校图书馆信息资源采访工作是信息资源建设的一项重要内容，其采访质量直接影响到图书馆藏建设水准和信息咨询服务能力。

第一，图书采购经费。高校图书馆的文献信息资源采购经费主要来源于学校行政事业费拨款。

第二，图书供应商服务能力。图书供应商是图书需求方与产出方之间的桥梁和纽带，其社会责任感和服务保障能力是影响图书采访质量的重要因素。

第三，图书出版发行。图书出版发行现状也是决定信息资源采访工作质量的重要因素，市场化运作带来出版业的空前繁荣，个体书商异军突起，打破了传统国营书店垄断的格局。

---

[1] 彭江浩.新时代高校图书馆资源建设的采访工作[J].数字与缩微影像，2021，（03）：40.

第四，采访人员素质。采访人员是信息资源采访工作的执行者，其政治素质和业务能力决定着采访工作的质量。随着社会的进步，读者需求呈现多元化、个性化的趋势，同时，步入大数据时代，用户可获取的信息量爆炸式增长与选择信息能力局限性之间的矛盾越来越突出，这些都对图书采访人员提出了更高的要求，通常情况下，图书馆的采访团队人员是相对稳定的，采访人员不仅政治素质过硬、责任心强，而且应拥有一定的专业知识和信息技术、图书情报等方面的知识，要及时掌握学校学科专业的发展变化和图书出版发行情况，才能较好地胜任图书采访岗位。同时，加强信息资源采访工作管理和制度建设是做好采访工作的基础保证，通过制度和机制来规范、约束和监督采访行为，保障信息资源采访工作规范有序开展。

二、高校图书馆信息资源采访的优化策略

信息资源采访，也称图书馆信息资源采访工作，即根据图书馆的性质、任务、读者需求、经费状况，通过觅求、选择、采集等方式建立馆藏并连续不断地补充新出版物的过程。高校图书馆信息资源采访工作，是直接关系到图书馆的馆藏结构、文献资源的质量，关系到高校的教学、科学研究及文化传承的质量。

（一）更新与调整资源建设新理念

高校图书馆应根据学校人才培养、科学研究和学科建设的需要以及馆藏基础和资源共享的要求，制订文献信息资源发展规划和实施方案，要求馆藏建设包括与本校有关的各类型载体的教学、科研资料与成果，形成具有本校特色的文献信息资源体系。

强调纸质资源的重要性，提出高校图书馆应合理组织馆藏纸质资源，便于用户获取和利用；应加强文献保护和修复，保障文献资源的长期使用。对开展多种形式的读者服务工作，提出图书馆应不断提高文献服务水平，采用现代化技术改进服务方式，优化服务空间，注重用户体验，提高馆藏利用率和服务效率。

面对新信息时代的挑战，图书馆资源建设必须及时调整资源建设理念。①纸质资源与数字资源优势互补。高校图书馆进入了纸质资源与数字资源并重

的时代，今后要在保障纸质资源建设的同时，建设有特色的数字信息资源，实现两者资源互补与协调发展。②资源共建共享。在信息社会化大环境下，高校图书馆要充分发挥网络资源共享的优势，利用各种计算机技术，通过建立图书馆之间的资源共享，积极参与图书馆及其他信息机构的文献保障体系共建，缓解来自经费和服务能力等方面的不足。③加强特色资源数字化建设。通过做好学校教学科研数据、网络资源和开放存取资源的组织、整理工作，为教学科研和地区经济建设提供服务，提升自身优势和价值。

（二）以读者需求为导向，采购调研

高校图书馆在购买文献信息资源之前，一定要重视调研信息的收集。采访人员应全面了解国内外出版情况，掌握相关出版社的性质、任务、出版范围和特点，收集各类文献出版信息，掌握其出版发行动态，选择其中报道及时、信息量大、出版发行长期稳定且具有权威性的文献信息通报作为图书馆文献选购信息源，并以其他目录通报作为辅助信息源，及时选订和补充馆藏文献。

1. 全面开展读者文献资源需求的调查

全心全意为读者服务是高校图书馆的宗旨，读者对文献资源的需求是图书馆建设的动力。作为高校图书馆，应经常开展不同类型和内容的读者调查，密切跟踪和了解读者的需求，以期改进各项工作，努力为高校师生创造更好的条件和提供更优质的服务。要让读者对图书馆各类、各种文献资源的了解、使用和需求情况充分发表意见，包括：读者利用图书馆的行为习惯、读者对馆藏资源的评价、资源获取和使用的方式与便利度、资源荐购、教材教参使用、馆际互借服务、图书馆服务支持等诸多方面，从而使图书馆信息资源采访文献资源工作更有针对性，更符合读者需求。

2. 加强图书馆各部门业务信息的沟通

高校图书馆采访人员要深入了解各部门的业务信息，全面掌握图书馆文献资源的利用现状。通过各部门的信息沟通，采访人员对图书馆文献信息资源馆藏及使用情况有了全面的认识，能动态地进行馆藏结构调整和补充，使购买的文献信息资源更好地发挥作用。

3. 基于高校发展需要及时制订合理采集计划

每个高校都有自己的特色，高校图书馆在发展过程中一定要紧紧围绕高校的重点学科、重点课程、重点学术的发展需求，及时调整采集计划。同时，要根据图书馆文献资源的现状和学校特色。合理分配重点文献资源和一般文献信息资源的比例，重视对新型专业、重点专业与一般专业之间的文献资源的数量比例。当今，网络资源非常发达，因此，采访工作者应注重电子文献在图书馆文献信息资源中的比例，调整购书的种类、期刊的种类及专业书籍的馆藏结构，制定高校图书馆发展规划，以便科学地利用经费购买文献信息资源。

（三）构建多渠道多层面采访体系

目前，高校图书馆多采用的图书采购方法包括：①书目预定。书目预定是采访人员依据各种书目征订信息和读者的需求信息等提出采购书目，然后通过招标确定的图书供应商进行采购的一种采访模式。②现场采访。现场采访是采访人员直接到出版社、书店、图书供应商或大型书市等图书市场，对已经出版的图书进行当场采访，然后通过图书供应商供货的采访模式。这两种采访模式各有优缺点，现场采访模式因直接接触到图书，具有提高购书的针对性且到书率高等优点，在经费和时间等充裕的条件下应多采用。

高校图书馆应拓宽采访数据来源渠道，采用多种方式收集书目信息，一方面通过中标书商、核心出版社及有影响力的大学和专业出版社提供的新书书目；另一方面通过大型图书博览会书展现采数据、新华书店的图书销售排行榜，以及一些重要的图书销售网站等获取图书信息。同时，应建立多层面的选书体系，让具有不同知识背景的专家、学者和大学生参与采访工作，以弥补采访人员知识的局限性。

高校图书馆应建立图书馆员与各类读者的交流机制，鼓励学科馆员深入各二级学院，让有专业背景的任课教师参与信息资源采访工作；通过图书借阅系统、微信、电话和书面等渠道，及时掌握图书的馆藏情况和流通借阅情况，分析读者的阅读习惯和阅读需求，使采访工作更贴近读者。

（四）改善馆藏结构及科学管理采购工作

高校图书馆文献资源体系的形成是一个高校发展渐进积累、长期建设的过程。对此，高校图书馆应根据高校发展目标和重点学科建设以及教学专业设置，制定高校图书馆文献信息资源发展目标，以适应高校现代化建设的需要。

1. 探索文献采购新模式

高校图书馆信息资源采购的科学规范性就是要实现制度建设、制度执行、人本管理的有机统一，采购运行要做到有法可依、有法必依、自主执行制度。科学规范采购文献信息资源，就要求制度要科学、机制要长效、执行要严谨、管理要人本化。

高校图书馆采访工作者的文献采购是涉钱、涉物，关系到工作人员前途和命运的大事，是权力重地。因此，必须阳光运作，把采购权的行使放置在阳光下。为此，要杜绝少数人或个人决定重大事情现象的发生，要建立集体决定机制，并不断强化、完善、发展长效的民主议定机制。而集体议定要求文献信息资源采购全过程、结果以及重大事项的决定均要实现程序严谨、职责清晰、论证有据、运行有效的集体研究、讨论、决定，最终挑选出具有良好信誉及实力的图书厂家完成文献资源的购买工作。

2. 读者参与文献选购

为了更好地利用高校图书馆购书经费，以满足全校各学院教师和学生教学、科研的需求，图书馆应设立专项经费，专用于高校师生在各大出版社购书。高校图书馆应组织多批次的现场采购图书活动，邀请各学院各专业的专家、教师和学生代表参与到图书馆的图书采购工作中来，以使他们采购的文献资源可以更好地解决教学与科研需求，同时解决图书馆信息资源采访人员对特定学科、专业文献信息了解不足的问题。高校图书馆文献信息资源采购人员必须同各专业教师一起购买图书，这样，既能使图书馆的经费合理利用，又解决了一线教师教学科研的需求。

3. 优化高校特色馆藏体系

在文献资源数量爆炸的时代，任何高校图书馆都不可能利用自己的实力购买所有的文献资源。各高校一定要根据学院的发展目标和教学、科研及管理的需要，按照"科学规划、整合资源、共建共享、彰显特色"的建设方针，采取以本馆拥有资源为主、远程获取为辅，以计算机网络为依托的文献信息资源建设模式；建立以纸质文献为主体，实体馆藏和虚拟馆藏资源结合、互补，文献检索和原始文献提供相结合的文献信息资源体系。同时，积极发展地区性乃至国内、外的信息资源共建、共知、共享，建成具有本院特色的文献信息保障体系。对此，高校图书馆要根据本校的学科特点、科学研究方向进行馆藏特色性建设，保证重点学科文献资源的完整性，全面推进馆际合作，实现文献信息资源共享。

4. 建设数字化文献资源体系

高校图书馆应建立一个科学、合理、适用的数字资源馆藏体系，使之与纸质文献资源馆藏相结合，形成具有本院特色的文献信息保障体系，满足读者现实与潜在的信息需求。因此，高校图书馆采访人员一定要针对本馆的馆藏特色和结构，选择读者面广、需求量大的电子出版物，并发挥其信息量大、覆盖面宽、时效性强的优势。同时，还要注重纸质文献、电子文献和其他载体文献的协调互补，共同组成图书馆文献信息资源体系。

5. 提高采访人员的工作能力

为进一步加强图书馆职工的业务工作技能，全面提高业务工作质量，高校图书馆采访人员必须加强理论学习，用专业知识武装头脑，更好地服务读者。对此，图书馆信息资源采访人员应充分利用各种讲座和参加继续教育培训班的机会加强学习，不断提高自身业务素质和文化素质，并且能够与课下自学相结合，既能做到在培训中对各种知识加深理解，又能够充分利用业余时间广泛涉猎国内外有用书籍，特别是与图书馆业务相关联的专业书籍和能够提高人文社会科学素质的书籍及报纸杂志等，通过精读与泛读相结合的方式博览群书，开阔视野、丰富见闻、增长知识，提高理论修养。

此外，图书馆信息资源采访人员还能利用计算机技术和网络技术、通信技术等，实现图书馆办公业务的电子化、自动化，不断提高办公效率和管理效能。

第三节　高校图书馆信息资源组织与质量管理

一、高校图书馆信息资源组织

（一）高校图书馆信息资源组织管理的意义

高校图书馆在参与信息资源组织的过程中，将网上无序的、不均衡的数字化信息资源按照一定的标准进行排列整理，使其有序化，并对其进行选择和判断,使分散无序的信息转化成有利用价值的资源。

与其他社会机构、团体相比,高校图书馆信息资源组织管理具有以下优势:①服务优势。高校图书馆在提供知识服务、信息处理等方面的能力强于其他信息机构。②人才优势。高校图书馆具有一大批懂图书馆学、计算机技术等方面的专业人才。③经费保障优势。各高校几乎都把图书馆列为其重点建设对象,高校图书馆成为衡量一所高校建设发展状况乃至教学科研能力和水平的重要标志,在经费上给予保障。

高校最主要的任务是教学和科研,高校图书馆通过信息资源组织管理,将信息资源经过科学的重组,实现信息资源结构由"信息资源"向"知识体系"转化,成为分类科学、层次明晰的知识体系,就能为教师、学生、科研人员的学习和研究活动提供参考信息,提高用户使用信息资源的效率。高校图书馆按照统一的规范和质量控制标准,对信息资源进行过滤,从而达到减少信息污染、净化网络空间的作用,有利于大学生身心全面、健康地发展。

(二)高校图书馆信息资源组织管理的提高策略

第一,改造传统分类法以适应信息资源组织的需要。传统分类法在信息资源组织中的应用是很有限的,因此了解现有网络分类检索工具存在的问题,对网络环境下传统分类法从分类主题一体化和分面组配化两个方面着手进行改造,结合传统分类法的优势,建立网上信息的知识分类系统,以适用信息资源的揭示和组织。

第二,采用元数据对网络信息进行规范处理。信息资源利用率高低,信息的描述和标引是关键。元数据是专门用来描述数据特征和属性的数据,可以促进信息的组织和发展,可以帮助识别、描述和定位信息资源。

第三,建立后控词表,提高信息资源的利用率。后控词表的建立类似于入口词表,是一种罗列自然语言的转换工具。后控词表的控制词并非直接用于标引,而是作为文献检索标识的自然语言词进行控制,建立等同、等级、相关关系。用户可通过输入某一概念的任意同义词作为检索词,经过后控制词表找出其标识词,然后再通过对所有同义词的匹配查找,检出符合条件的记录。后控制词表的建立,将使自由标引显得更加现实,使自由标引所建数据库更具实用价值。后控制词表是提高查全率和查准率的高效控制工具,也是实现自由标引的基础。

第四，信息资源组织应逐渐向信息挖掘转变。网络信息挖掘是指在已知数据样本的基础上，通过归纳学习、机器学习、统计分析等方法得到数据对象间的内在特性，据此采用信息过滤技术在网络中提取用户感兴趣的信息或者更高层次的知识和规律。网络信息挖掘技术综合运用人工智能、模式识别、神经网络的各种技术。

总之，面对互联网杂乱无章的信息资源，信息的组织管理显得日益重要。高校图书馆应充分发挥对信息资源分类加工、组织整序的专业特长，肩负起网络环境下信息导航的重任。

二、高校图书馆信息资源质量管理

文献信息的质量可以反映文献信息的价值，是影响用户信息需求的决定性因素。

（一）高校图书馆信息资源配置的质量控制

1. 加强用户需求调研的质量控制

满足用户需求是高校图书馆信息资源配置的出发点和归宿，高质量的用户调研能为图书馆的资源建设提供科学的决策依据。为了提高信息资源建设质量与水平，图书馆必须加强用户需求调研的质量控制。

规范工作流程，从调查提纲（问卷）的设计、调查方法的选择、原始信息的收集到调查报告的撰写，应该有相应的管理制度，调查报告必须通过相关机构（如图书馆信息资源建设委员会）审核，才能成为决策参考。

对获得的信息进行深入细致的分析，根据用户的显性需求，充分挖掘其隐性需求，或将其转化为显性需求，通过不断满足用户潜在的隐性需求而使信息资源建设逐步迈向理想的目标。

2. 提高信息资源配置决策的科学性

高校图书馆信息资源配置决策分宏观决策与微观决策两个层面。在宏观决策层面，需要考虑两个因素：

（1）高校图书馆的信息资源配置是与整个社会的信息资源配置密切相关的。现代信息环境的发展，加速了高校图书馆与社会的融合与衔接，高校图书馆的信息资源配置与社会经济发展需求的吻合度越高，其产生的配置效益就越大。

（2）高校图书馆应积极参与不同层级、不同类型图书情报机构所组成的信息资源保障体系，通过协调决策、分工合作方式，达到信息资源共建共享的目的。各成员馆应对同一地区的文献资源建设进行充分论证、合理布局、协调采购，以使文献经费发挥最大效益。在微观决策层面，需要考虑以下因素：①用户需求程度。对重点专业、重点学科建设或重大科研项目必需的信息资源，应优先配置；对新办专业所需的信息资源，应及时补充。②信息资源的质量。以外文期刊为例，某种期刊是否为国际公认的权威性检索刊物，是外文期刊配置的重要依据。③信息资源的价格。对需要配置的信息资源，应充分比较不同载体形态的文献价格，当同一种文献既有印刷版又有电子版时，应对其进行价格与成本核算，选择最合算、性价比最高的类型。

3. 建立馆商的良好合作伙伴关系

为了规范信息资源采购市场，高校图书馆的文献采购正在由图书馆直接与出版社合作的"馆社合作"方式转变为通过招标选择供应商的"馆商合作"方式。供应商成为影响图书馆信息资源建设质量的重要因素。

供应商在与图书馆的合作中，除了提供比较优惠的折扣率外，还要提供其他的配套服务，如提供书目信息、书目查重、配送数据等。因此，"馆商合作"关系有别于一般的顾客与供货商一手交钱一手交货的简单交易关系，双方应是一种合作伙伴关系。构建这种新型的合作伙伴关系应具备以下条件：

（1）互相了解与沟通。双方必须对合作关系有正确的认识，在合作的各层面上互相了解与沟通，形成良性互动。

（2）互惠互利。对于图书馆来说，通过与供应商的合作，在保证质量的前提下，降低了信息资源的配置成本；对于供应商来说，争取到图书馆大量的订单，其利润也随之增加，双方在合作中取得双赢的结果。

（3）互相信任。彼此信任是双方达成共同目标的基础。

（4）互相理解。当合作出现问题或争端时，双方互相理解，彼此尊重，通过协商共同解决。高校图书馆与供应商建立良好的合作伙伴关系，对图书馆信息资源采访前的准备工作、采访中的质量控制以及采访后的质量评价都是非常有利的。

4. 重视专业采访人员的选择与培养

信息资源配置是一项知识性和技术性较强的工作。采访人员的素质某种程度上决定着馆藏信息资源的质量以及利用率和效益值的大小。因此，图书馆首先应做好采访人员的选择与使用。在人员选择上应重点考虑：①学历层次，最好具有硕士以上学位，或具有相关学科专业背景的双学历或双学位。②有较强的计算机应用能力。③有较好的外语水平。④有良好的职业道德和修养。⑤有较强的组织能力和协调能力。⑥采访团队的职称结构要合理，形成高、中、初三级梯队。

对于采访人员的培养，应特别注重两个方面：①学科馆员的培养。应在专业技能、学科专业分布和学历层次等方面进行重点培养，使一批既有较宽专业知识面和较高学术水平，又具有较高学历层次、有较强计算机应用能力和外语水平的复合型人才脱颖而出，成为优秀的学科馆员或专业馆员。学科馆员参与采访，是提高采访质量的有力保障。②采访信息意识的培养。信息资源采访质量控制很大程度上还取决于采访人员获取各种采访信息的完备程度。采访人员要对采访信息有强烈的敏感性，重点了解国内外与本校相关的学科和专业的研究现状和发展趋势；甚至要知道某一学科领域里居于领先地位的专家和学者；明确国内外主要出版社的出版特色和水平等。

（二）高校图书馆信息资源服务质量的提高策略

1. 加大资金投入，合理分配经费

高校应加大对图书馆建设的资金的投入，同时高校图书馆应该合理分配经费。高校图书馆是传播学术性知识的场所，是每所大学必须拥有的建筑设施和必须关注的机构，所以高校在扩建和发展的同时，必须保证拥有足够多的经费来完善图书馆的建设。同时，图书馆也应该合理布局文献信息资源，应该重新调整馆藏的发展方向，根据本馆的实际条件，准确掌握新时期高校图书馆读者文献信息需求的变化规律制定相适应的藏书发展策略，合理规划经费的去向，不能仅注重纸质资源建设，要在现实的馆藏资源和虚拟的馆藏资源之间找到平衡点。

2. 加强信息资源的检索建设

（1）高校图书馆需要使用自然语言，要鼓励将自然语言作为检索语言来使用，实现自然语言与检索技巧的连接。如果实在不能够避开使用专业检索语言，就应该尽量使用标准的检索词，因为标准的检索词具有规范化的特点，使检索更加规范统一。

（2）设置网络信息一种超链接的功能。因为我们通常在检索的过程中，不仅仅是检索我们所需的内容，大多数情况下我们都希望能够扩大检索范围，能够连接到更大的相关范围内，以便能更多地获取信息。网络信息设置了超链接功能后就能很好地解决这一问题，它将位于不同页面的各种文字图像等信息连接起来，呈现给用户一个更加方便、更加丰富的知识网络，具有灵活性。

（3）设置站内检索，这样可以解决用户所需的定向检索问题。通过这些措施，高校图书馆可以有效完善原本检索功能中存在的问题，使检索系统更加健全。

3. 定期维护电子阅览室

网络技术的发展为信息资源提供了良好的平台，而要想真正使信息资源被用户更好地阅读和获取，还需要良好的硬件设施。要想改变高校图书馆电子阅览室闲置的状态，首先要定期检查和维护阅览室中的设备。高校图书馆需要在信息资源获取的硬件设施上作出一定的改善，使电子阅览室的整体面貌焕然一新，为读者提供一个舒适的阅读检索环境。

高校图书馆需要注意对新生进行入馆培训，刚进入校园的学生对本校图书馆的结构和从图书馆获取知识的方式都不了解，新生入馆培训是最好的指引方法，不仅使学生了解图书馆的馆藏分布、馆内结构、馆中设施的使用方法以及获取信息资源的方法，还能够提高学生的素质，使图书馆真正成为人们获取知识的地方，而不是借助图书馆的网络来休闲娱乐的地方。

总之，高校图书馆信息资源在发展的过程中，为我们获取知识带来了方便，同时也带来了挑战。但我们相信，只要通过正确的解决方式，采取合理的方法，高校图书馆将会带给我们更高质量的服务，信息资源也会更好地被用户所利用，变得更有价值。

4. 加强对管理人员的业务培训

（1）培训高校图书馆现有管理人员的网络信息技术应用能力，教给他们一些计算机检索的基本功能，一些简单的与计算机检索有关的外语知识，信息分类编目等图书情报的知识，此外还需要让他们了解馆藏结构以及学校的设置和科研发展的方向，使图书馆工作人员具备信息判断和信息分析的能力。通过这样的培训，相信高校图书馆的管理工作人员可以有效地管理好信息资源，为用户提供更好的服务。

（2）通过招聘一些本身就具备这些管理能力的图书管理员，从根本上解决高校图书馆管理人员业务水平不高的问题。可以多招聘一些已经具有管理信息资源能力和有工作经验的管理员，或者是从相关专业毕业的学生，这样可以从根本上提高高校图书馆的整体服务质量。

第四节　高校图书馆信息资源建设的模式与方法

一、高校图书馆信息资源建设的模式

（一）高校图书馆信息资源建设模式的特征

第一，模式新、起点高、发展迅速。借助得天独厚的发展环境，高校迎来了更好的发展机遇。高校图书馆信息资源建设的模式新颖，资源丰富，相比普通形式的图书馆，高校图书馆的发展起点更高，技术、设施水平更加先进和完善。主要表现在以下几个方面：①图书馆的馆内面积比较大，而且具有合理的建筑结构，这些条件的达成都依赖于高校充足的资金支持；②图书馆内具有大量的藏书，并且呈现出数量猛增的势头，大量信息化电子设备得以应用，建立了电子阅览室、触摸屏查询系统，其规模也在不断扩大，功能更加完善。

第二，机制灵活，办事效率高。由于高校的办学理念和特殊地位，使高校内部的图书馆在决策方面具有一定的前瞻性，同时也省去了烦琐的审批手续，达到机制灵活和办事效率高的特点，尤其是它简化了烦琐的审批环节，能够为建立高质量的科学图书馆提供基础，从侧面增加了馆藏的整体质量。

第三，掌握着双优资源。高校图书馆掌握着充足的民营办馆资金，具有名

校办馆过程中的前车之鉴，现成的模式可以通过借鉴的方式得到合理的运用，及时避免了建馆过程中存在的问题。

第四，对学生进行有针对性的服务。高校的图书馆对学生有着比较强的针对性，加强人力资源管理，合理配置和利用信息资源，高效进行管理，扩大图书馆藏资源。建立灵活的管理机制，提升图书馆管理效率，为高校教师和学生提供高质量的服务。图书的查询、借阅更加简单便捷，充分满足读者的实际需要，改变传统图书馆固化的管理模式，以多元化形式来进行管理，给读者带来优质的体验。增加图书馆与读者之间的交流互动，定期开展交流活动，包括信息咨询，读者之间的交流，以及读书活动等。在读者的积极参与下，图书馆管理工作具有实质性的效果。构建网络互动平台，在该平台之上进行信息发布、读者反馈、图书推荐等，学生及教师在该平台进行浏览的过程中，从中获得需要的信息资源。

（二）高校图书馆信息资源建设的模式完善措施

第一，通过专业的设置，提高传统印刷型的信息资源建设。图书馆应该做好长时间建设传统文献资源的准备，并把它放在一个重要的位置去看待。从世界范围来看，纸质版文献仍然是图书馆内主要的信息阅读方式，这种主导地位没有因为网络的冲击而削弱。很多发达国家拥有的先进阅读技术远超我国，但是他们的图书馆并未因此而忽略纸质版书籍和文献。作为高校，更应该起到表率作用，要结合学院的特色加强纸质版图书的建设，并制定一个长远意义上的信息资源新模式。

第二，虚拟馆藏和实体馆藏共同发展，提高电子资源的建设水平。除了重视纸质版书籍，还应该深入了解网络带来服务的重要性，这就要求图书馆除了能够提供实体文献，还能够有网上获取信息的通道。虚拟和实体的馆藏齐头并进，能够起到一定的互补、依存的作用，并能让他们发挥各自的优势来协调发展。图书馆可以通过了解现实教学过程中的需求，制定一个有序管理模式，建立属于读者的信息导航库，让读者能够领略到最新的学科动向。

第三，提高信息资源的水平特色，突出重点学科和馆藏信息资源。就教学水平而言，高校往往起到了一定的带头作用，所以高校图书馆在信息库的建立上应该有一定的重点倾向，主要的倾向对象依据重点学科进行设计，让学生在

第二章 高校图书馆信息资源建设的内容

查阅的过程中能够感受到学校的文化和特色。

第四，共享信息资源。高校的图书馆要改变之前自给自足的馆藏模式，体现出图书馆之间分工合作的共享理念。

总之，高校图书馆的发展环境决定着它们要在竞争中不断地完善自身实力，应该以科学化发展作为指导依据，结合网络环境下信息社会的特点，总结在发展过程中存在的不足，通过不断改进软硬件实力的方式来为读者提供更优质的服务，树立自身在图书馆界不可取代的重要地位。

二、高校图书馆信息资源建设的方法

随着网络和信息技术的飞速发展，促使人们对知识和信息的需求也日益向多元化、综合化方向发展，利用网络开展信息交流与服务已成为当今社会的趋势。图书馆作为当前社会重要的信息机构，在其建设过程中，如何通过有效的方法满足用户不断增长的信息需求，并提供完备、快捷的服务已经成为必须要解决的问题。

（一）图书馆信息资源的采集

信息资源采集是指根据信息用户的需求，寻找、选择相关信息并加以聚合和集中的过程。不同的用户对信息需求是有差别的，这样在信息资源采集时也会有很多不同之处。尽管如此，在信息资源采集过程中，还是需要遵守的原则包括：目的性原则、主动性原则、连续性原则、经济性原则、计划性原则、科学性原则、可靠性原则、系统性原则。信息资源采集技术是指从一定的信息源中检索出含有所需信息的内容，供人们利用，即信息获取技术、文本挖掘技术、自动分类技术、自动文摘技术。图书馆信息资源采集包括以下5个基本程序：

第一，需求分析。信息需求是信息资源采集的动力，在信息资源采集中，明确信息需求就是要清楚目标用户为了何种目的需要什么样的信息，表现为以下5个方面：目标用户的确定、确定采集信息的内容、确定采集的范围、确定采集量。除上述因素外，在需求分析阶段还需要根据需要确定其他一些因素，如信息环境、信息的可获取性、信息表达的易理解性等。

第二，信息源的评价与选择。信息源指的是获取信息的来源，不同的划分标准就有不同种类的信息源。为了有效地选择和利用信息源，就必须实现对各种信息源的性能、质量进行评价。信息源评价的标准主要从信息源本身所能提供的信息价值以及信息收集的角度两方面进行。具体有以下8个指标：信息量、可靠性、新颖性、及时性、系统性、全面性、易获取性、经济性。

第三，信息资源采集策略的确定。不同的信息资源采集需求和信息源需要采用不同的信息资源采集策略。具体而言就是确定信息资源采集途径、信息资源采集的方法和信息资源采集的技术，并制定采集计划。根据信息资源采集者与信息源的相互关系，可以将信息资源采集途径分为直接和间接途径。其中，直接采集是指采集者对信息源中信息的直接获取；间接采集是指借用采集工具，对信息的间接获取，如搜索引擎技术的使用。

制定信息资源采集计划，主要包括信息资源采集人员分工、采集费用、考核条例、时间安排、采集工具的选择、采集方式、采集频率等。信息资源采集计划要留有余地，保持灵活性，以便进行信息资源采集策略的调整，适应不断变化的采集结果，提高采集效率。

第四，信息资源采集的实施与监控。信息资源采集计划制定后，就要围绕该计划，在一定的范围内，按照既定的内容，采用科学的方法，广泛地搜集信息。当采集过程中遇到事先没预计到的新情况和新问题，要分析原因，追踪搜集过程，及时调整计划，以便获得新的、有价值的信息。

第五，信息资源采集的评价与解释。完成信息资源采集实施后，还要对采集到的信息集合进行及时评价与解释。若用户对信息资源采集效果评价不满意，则依据相关反馈意见进行调整。调整力度可能触及信息资源采集过程的各个环节。

（二）图书馆信息资源的配置

信息资源是信息化社会的重要基础，随着信息技术的广泛应用，国民经济和社会信息化进程的不断加快，信息资源的作用日益显著，已经成了现代社会生产力的基本要素和重要的战略资源，与物质资源、能量资源一起构成现代社会发展的三大支柱。信息资源配置是根据人们的信息需求对当前的信息资源分布和分配预期进行调整的过程。信息资源配置的特征包括：层次性、动态性、渐进性、连环性、时效性、人工性。

信息资源配置的根本目的是使全社会信息资源在公平的条件下得以充分地利用。可以说，信息资源配置对有效、合理、科学地利用信息资源，促使信息资源效用最大化，以及信息产业的可持续发展具有非常重要的意义。通常，在进行信息资源配置时需要遵循以下原则：效用性、系统性、公平性、快捷性、一致性、易操作性、发展性、增值性。

信息资源在时间、空间矢量上品种类型、数量等方面的配置状况、特征和要求构成了信息资源配置的内容。信息资源分布的广泛性，致使信息资源配置工作也具有多样性，这就要求在对各时期、各地区、各行业组织配置过程中，为了达到最大配置效益，必须采用标准统一、互联互通、相互协调等资源配置模式，使信息资源能够顺畅地在不同领域间流动和交互，参与配置的主体应相互协作，形成一个有机结合的整体信息资源配置体系。图书馆信息资源的配置模式包括：

第一，信息资源配置的目标模式。信息资源配置的目标模式包括观念思维全新化、组织专业集团化、配置手段多元化、运行机制灵活化、运作目标高效化等。

第二，信息资源配置的内容模式。信息资源配置的目的，将信息资源转化为全社会都可享用，并能获得经济效益。信息资源是一个完整的体系，可以分为信息主体资源、信息本体资源、信息表体资源。

第三，信息资源配置的具体模式。目前，对信息资源配置的具体模式主要有集中型、分散型、多元型三种。

（三）图书馆信息资源的整体布局

1. 信息资源整体布局的原则

同其他资源一样，图书馆信息资源也有一个合理配置、合理布局的问题。信息资源的布局是指在时间、空间和数量三个方面的有效配置。时间上的配置是指信息资源在过去、现在和将来三种时态上的配置。信息资源的价值对实践具有很高的灵活性，即实效性强。信息资源的空间配置是指其在不同部门和不同地区之间的分布，即在不同使用方向上的分配。信息资源数量上的配置包括存量配置和增量配置，即对已有信息资源的配置和不断产生的信息资源的分布。

（1）适应国情原则。信息资源整体布局必须与我国的国情相适应，这是一条最基本的原则。只有立足于国情，信息资源整体布局才有坚实可靠的基础，才具有科学性和可行性。

（2）协调共享原则。信息资源保障体系是一个相互联系的整体，具有一定的层次性。我国在信息资源整体布局中采取了地区协调和系统协调的方式。地区协调，是指在一定区域范围内，由各系统、各类型图书馆和信息机构参加的横向协调活动。系统协调是指在同一系统内进行图书馆和信息机构之间的信息资源协调建设。它在系统内部建立起自上而下的组织协调与业务协调关系，统一部署，统一布局，根据学科和专业发展的实际需要，构建协调补充、互为利用的信息资源保障体系。地区协调和系统协调是我国信息资源整体布局的两种基本形式，在实践中应根据发展的需要将两者结合起来，以取得信息资源整体布局的良好效果。

（3）需求导向性原则。信息资源整体布局的最终目标是要达到资源的共享，最大限度地满足任何社会成员对信息资源的需求。因此，以需求为导向是信息资源整体布局所要遵循的重要原则。信息资源的整体布局必须抓住当前最为迫切、最有实效的领域，一切以需求为导向，有条不紊地进行。

（4）效益原则。效益原则要求在进行信息资源整体布局时，充分考虑到经济效益和社会效益。通过合理的规划与协调，减少重复建设，满足地理分布的合理性，方便对文献的利用。社会效益是指，建立了优化的信息资源整体布局，实现信息资源的共享，并充分利用信息资源对社会的发展和进步产生的影响。社会效益难以用具体的、准确的数据来衡量，但它的影响却不容忽视。总之，经济效益和社会效益并重，是建立优化的信息资源整体布局的一个重要原则。

2. 信息资源整体布局的模式

信息资源整体布局是信息资源共享的重要前提，也是提高信息资源保障能力的有效措施。经过许多学者的探讨，人们将信息资源整体布局的模式总结为集中控制型、分散控制型和等级结构控制型三种理论模式。

（1）集中控制型模式。集中控制型模式是建立一个具有绝对权威的信息资源管理与控制机构，对各类型图书馆和信息机构进行统一指挥、集中调度。

这种模式的关键在于建立集中决策机制，充分发挥整体的系统功能。

（2）分散控制型模式。分散控制型模式由若干分散的图书馆和信息服务机构共同承担信息资源建设的任务。这种模式的核心是充分调动各图书馆和信息机构的积极性，从整体的利益出发，正确处理局部利益与整体利益的关系。

（3）等级控制型模式。等级控制型模式是逐级建立信息资源保障系统，并通过系统间的协调与合作，优化信息资源结构，形成相互依存、共同发展的共享体系。这种模式的重点是建立系统间的互动与联动机制，注重图书馆和信息机构之间分工与协调，以保障信息资源的整体功能得到最充分的发挥。

等级控制模式能够建立系统间的隶属关系，既便于信息资源建设的协调和控制，又拓展了信息资源利用的范围，是我国信息资源整体布局的最佳选择。

（四）图书馆信息资源的整合

信息资源整合是信息资源优化组合的一种存在状态，它是在符合一定条件的前提下，根据一定的需要，对各个相对独立的已经实现了一定程度有序化的信息系统进行融合、类聚、重组，重新构成一个新的效能更好、效率更高的信息资源体系的发展过程和结果。信息资源整合活动一般是在信息资源组织发展到一定程度后才能够进行的。信息资源整合是宏观意义上的、横向的信息资源组织，它所强调的是单个信息系统之间的横向联系，信息资源之间的融合重组，以及整体之间的资源共享。

1. 信息资源整合的原则

信息资源整合的原则应是对全局和整个整合过程都起指导作用的准则。信息资源整合应遵循的原则如下：

（1）前瞻性原则。信息资源整合的前瞻性原则就是要求立足现在，放眼未来，即在进行信息资源整合的过程中，不仅要从信息资源机构未来的发展需要出发，用前瞻性的眼光，采取各种方式方法调整现有的信息资源结构，使其更加科学合理，同时还需要最大限度地开发现有的信息资源，使其得到充分的利用。需要注意的是，坚持前瞻性原则也需要根据国家、地区、系统以及本单位信息资源的实际情况，对信息资源整合重组，以达到提高信息资源的利用率，促进信息资源的开发，满足社会复杂的多样化需求。

（2）特色化原则。受到地缘、业缘等关系的影响，信息资源机构所收集到的信息资源大都是经过长期积累，并具有其特色的资源。因此，在进行信息资源整合过程中，一定要注意优先开发本单位有特色的信息资源，如地方特色、专业特色、类型特色、文种特色等，充分重视这些资源优势和特色；在信息资源整合项目的选择上要分清主次，突出自己的重点和特色，在信息资源整合的方式、方法、技术手段上要鼓励创新，形成自己独特的方法、技术。

（3）效益性原则。信息资源整合必须讲求经济效益和社会效益，要求对信息资源整合追求以最少的投入得到最多的产出。信息资源的整合过程，也是信息资源的再次增值过程，因此能带来一定的经济效益。此外，信息资源整合还需要创造良好的社会效益，促进整合意识的形成，提高人们的信息意识和信息素养。

（4）需求导向原则。信息资源整合并不是盲目的，而是有针对性、有目的的，它从用户对信息资源需求的角度出发，以适应新形势对信息资源机构的新要求。信息资源整合应该遵循用户导向和需求导向原则，开展用户信息需求调查和分析，并把它作为开展一切工作的出发点。当然，需求导向并不意味着被动迎合用户的需求，还应积极主动地去培育用户的新需求，使信息资源得到更充分的利用。

（5）安全性原则。信息资源机构在进行信息资源整合过程中，所需要遵循的安全性原则如下：①注意对信息资源载体的保护。②树立产权意识，在开发信息资源时不损害所有者的知识产权。③有保密意识，在信息资源整合中不泄露国家或单位的有关机密。④注意对用户乃至公众精神的保护，开发健康、有益的信息产品与信息服务，避免给用户和公众带来信息污染和消极影响。

2. 信息资源整合的层次

（1）表现层的信息资源整合。信息资源在表现层的整合主要是针对信息源进行的。它在一定标准的前提下，为分布式存在的信息系统的信息源提供了逻辑组织和导引。实现信息资源表现层的整合，其技术和方法相对比较简单，只要在同一个网站或网页中创建所有信息系统的地址链接，并根据一定的标准将这些链接进行有序化排列，便可勾勒出一幅信息资源地图来。

信息资源表现层的整合还只是信息资源整合的初级形态，它整合的对象还只是停留在信息源的层面，确切地说是各独立的信息系统的地址等信息，而没有触及信息系统的内容和检索层面。然而，存在即为合理，表现层的信息资源整合之所以深受特定用户群的欢迎，与它汇聚了经过人工选择的多种信息系统，不仅数量齐全，而且形成逻辑体系，起到良好的导引作用，极大地方便了用户在大量相关的信息系统中发现和选择符合自己信息需求的目标信息系统是分不开的。当然，这种表现层的信息资源整合对信息资源的加工深度是有限的，因而提供给用户的导引作用也是有限的。

（2）应用层的信息资源整合。信息资源在应用层的整合主要是针对信息系统的内容及其易用性进行的。通过应用层的信息资源整合，用户可以实现在统一化的界面中，对各个异构的信息系统的内容进行"一站式"的检索与利用，提高对信息资源的利用率。但是，需要注意的是，在新的信息资源体系中，各个信息系统之间只是一种松散的整合关系。同时，整合后形成的这个信息资源体系并不拥有各个信息系统，而只是"调用"各个信息系统的内部资源，各个信息系统在某种程度上制约着整个信息资源体系。

（3）元数据层的信息资源整合。元数据层的信息资源整合是从信息资源组织的源头对信息资源进行比较彻底的整合，是整合程度最高的，事实上趋于一致或者相互之间通过元数据互操作能够相互转换，进而实现各个信息系统之间事实上趋于一致或者形式下的同构。这样，再将它们整合到同一个信息资源体系中就变得相对容易了。

元数据层的信息资源整合也存在一定的问题。第一种整合方式在为各个成员提供全面的互操作性时，要求每个成员也必须为此付出代价，而由于成员之间趋同程度较高，也就相应地减弱它们的个性化发挥余地，因此，其对商业化经营运作吸引力不大。第二种整合方式，进行元数据互操作实现不同元数据格式之间的相互转换的过程中，也会对整个信息资源体系的数据存储造成一定的压力，同时大大增加了其维护的成本。

第五节　高校图书馆信息资源建设的共建与共享

一、高校图书馆信息资源共建共享的意义
（一）实现效益的最大化
如何利用有限的经费获取尽可能多的资源，是信息资源建设的一项基本原则。在没有进行整体规划和协调的前提下，各图书馆通过"自给自足"和各行其是的信息资源建设方针，必然会带来信息资源的重复建设问题，无法达到对有限经费的合理利用。

尤其是近年数字化进程的加快，各图书馆在数字化资源建设中，存在着多个图书馆对同一文献进行数字化处理的现象，这在很大程度上造成了资金的严重浪费。针对这一严重的浪费现象，实行信息资源共建共享，从而对各成员单位馆藏进行合理布局、分工协调，突出各成员单位馆藏文献信息资源的基本特色，通过馆际互借、文献传递等共享方式，使用本馆没有馆藏的这部分资源，将信息资源建设经费发挥到最优。

此外，许多图书馆通过图书馆联盟，以集团购买的形式采集数字化资源，也可以大大节约信息资源建设的成本，提高经费的使用效益，增加信息资源的价值。

（二）避免信息资源的重复建设
信息资源共建共享实现了各图书馆信息资源之间的相互流通、分享利用，可以在很大程度上弥补自身信息资源的缺乏和不足。参与信息资源共享的图书馆可统筹规划其信息资源建设，可以避免重复购置、建设那些能从其他图书馆共享到的信息资源，从而可将更多的资金用于发展自身的特色信息资源建设。这样，既可从整体上最大限度地避免信息资源的重复建设，又能提高各图书馆的信息资源建设水平和质量，提高信息资源系统的保障能力。

（三）实现信息资源的公平获取
地区发展水平的差距也使得信息资源在公共获取上存在了一定的差距，而这种信息的不公平又加剧了地区间的贫富差距。在我国，信息资源的分布出现

了东部多西部少，且集中在少数几个大城市的不合理布局。这不仅容易造成信息资源的重复建设，还形成了"信息鸿沟"①。

信息鸿沟的出现日益影响着全民生活素质的提高和全社会的协调发展。要缩小信息鸿沟，就需要在经济欠发达的地区加大对信息资源建设的各项投入，建立起具有一定规模的信息资源库。但是，由于信息更新快的特点决定了欠发达地区的信息资源建设步伐跟不上信息资源的更新速度，无疑给原本经费等社会资源不足的欠发达地区的信息资源建设雪上加霜，从而造成信息资源的重复建设和严重的浪费。要解决发展需要与现实之间的矛盾，只有建立和完善信息资源共建共享，才能不断缩小信息鸿沟，逐步实现信息公平。

（四）提高信息资源的利用率

信息资源共建共享对于开发系统、科学的信息资源系统，最大限度地避免重建具有重要意义。同时，还使参与共享活动的各图书馆之间形成信息资源建设各有特色的局面。

各图书馆之间实现信息资源共享，但就其中的某一个图书馆而言，利用这种信息资源共享局势，不仅可以为其用户提供本馆所拥有的信息产品和信息服务，还可以为其提供共享合作单位的信息产品和服务。这样，在更好地满足用户信息需求的同时，还可增加该馆所拥有的用户数量和使用范围，提高其信息资源利用，同时对社会整体信息资源利用率的提高也具有很好的价值。

（五）满足用户需求的有效途径

随着生活水平的提高，人们对信息资源的需求不再仅仅满足于单一的服务方式和服务内容，而是开始寻找那些内容全、形式多样、来源广泛的信息资源。图书馆想要满足现代信息用户多样、复杂的信息需求，只有在各图书馆之间实现信息资源共享，将其他图书馆丰富的信息资源作为自身信息资源建设的有力补充和无限延伸，才能真正为用户提供高效率和高质量的服务。

实现全社会信息资源的共建共享，有利于将各个图书馆的信息资源集合起来共同构成一个大而全的数据库。在这个大而全的数据库中，各个图书馆相当于其不同的"入口"，用户可以利用其中任何的一个"入口"获得所需要的信

---

① 信息鸿沟，即"信息富有者"和"信息贫困者"之间的鸿沟。

息资源。

二、高校图书馆信息资源共建共享的形式——图书馆联盟

图书馆联盟是指两个或两个以上的图书馆结成的联盟，其核心是"联盟"。最早的资源共享形式自人类社会产生图书馆起就开始了，此时的共享是图书馆之间的合作。图书馆合作又称为馆际合作，是指两个或两个以上的图书馆为了增进服务及降低成本共同从事的合作采访、合作编目、合作储存、馆际互借、相互允许合作组织内的其他图书馆读者利用本馆资源以及合作人员训练等活动。

随着资源共享的理念日益深入人心，图书馆合作的内容不断增加，图书馆联盟作为一种共建共享的有效模式被提出并得到广泛采用。图书馆联盟作为联盟的一种，可以通过联盟的定义为其进行界定。因此图书馆联盟可以看作是以实现资源共享、利益互惠为目的，受共同认可的协议和合同制约的联合体。

现代图书馆联盟强调的是网络环境下的资源共享，突破传统图书馆网的范畴，把图书馆视为信息系统中的重要一环，将图书馆与其他信息处理部门连接起来，共同完成对信息的处理。实现信息资源的共享是图书馆联盟的最终目的，一定的技术和硬件支持是图书馆联盟的基础，所有缔结的协议、条约或者合同是图书馆联盟的基本保障，各个参与联盟的图书馆共同遵守所有缔结的条约是图书馆联盟得以正常运行的前提，每个图书馆都必须严格遵守缔结的条约，否则联盟很难实现。

（一）图书馆联盟的资源共享的特征

图书馆联盟在信息资源收藏、建设、利用等方面具有独特的特点，这些特点决定了在信息时代图书馆联盟能够发挥较大的效应，以有限的资源去满足知识经济时代人们对知识的需求。

第一，资源共享的公益性。资源共享的公益性是图书馆联盟资源共享区别于其他联盟的资源共享的最大特点。图书馆联盟不同于其他联盟，其资源共享不是供图书馆自己使用，而是为了最大限度地满足用户的需求，最大限度地发挥资源的效用。因此，我们认为图书馆联盟资源的共享性并不只是联盟成员之间的共享，而是其服务对象所享有的共享，显然这种资源共享具有很强的

公益性。

第二，资源建设的协调性。图书馆联盟的最终目的就是通过实施共建共享，使有限的资金或尽可能多的资源种类，去满足最大范围的用户需要。当然，要达到这一目的，就要求图书馆联盟的各个成员在资源建设上能够相互协调、互通有无，避免资源建设的重复。因此，资源建设的协调性是图书馆联盟的重要特点。

第三，联盟各成员馆发展的特色突出。图书馆联盟的直接目的是以有限的资源满足读者最大的服务需求。信息发展的速度是任何图书馆都无法赶上，无法以充足的资金购买所有的资源，这致使很多图书馆只能以有限的经费购买最常用的资源，从而导致资源的重复。建立图书馆联盟以后，各成员馆在资源建设中相互协调，扬长避短形成自己的特色，既可以使本馆得到最大的发展，又可以满足任何服务对象的需求。

（二）我国图书馆联盟发展策略

1. 理顺图书馆的管理体制

我国的图书馆大体可以分为公共系统、科学（专业）系统、高校系统三种性质，这些图书馆之间由于隶属的地区、系统或单位，主管部门各不相同，且文献收藏品种、数量、质量、范围也各不相同，导致图书馆之间协调困难，严重影响了图书馆联盟的建立。为此，要求这些图书馆必须以单位体制改革为契机，理顺图书馆的管理体制。各个图书馆之间统一规划、统一技术标准、统一运行规则，包括作业流程、业务处理、信息交换、行为准则等技术和非技术的协议和标准，为图书馆联盟的建立作充分的准备。

2. 加强图书馆工作队伍建设

图书馆联盟除需要一定技术的支持外，其成败在很大程度上取决于人，取决于图书馆工作人员的技术水平和思想水平。尽管当前我国图书馆工作人员已经具有了一定的技术素质，但是与其他图书管理事业发达的国家相比，还存在很大的差距。因此，在加大图书馆自动化设备建设的同时，必须加大人力资本的投入，加强图书馆工作人员的培训。

3. 建立特色化馆藏

图书馆联盟的目的是实现图书馆间的互补，这就要求参与联盟的各个图书馆馆藏不同，从而实现馆际之间的馆藏互补，以充分实现文献信息资源共建共享。但是，当前我国的许多图书馆还存在严重的"重藏轻用"观念，在经费有限的情况下，各图书馆在文献上无法求全的情况下，以通用的"核心""重点"为标准，进行馆藏建设。很多图书馆都收藏"核心""重点"书刊，导致图书馆之间收藏大同小异，无法实现或者根本没有必要实现资源共享。为此，各个图书馆应该在统一机构的协调下，合理进行文献信息资源建设。特色化馆藏是图书馆信息网络化建设及文献信息资源合理布局与协调发展的必然趋势，要使文献信息资源建设尽快由自然发展状态变为宏观指导下的合理布局，减少不必要的重复与缺漏，为图书馆联盟的建立奠定基础。

（三）发展图书馆联盟建设的意义

随着现代信息技术的发展，图书馆为了在社会信息化进程中求得生存和发展，逐渐形成并发展起来新的合作形式——图书馆联盟。图书馆联盟作为一种信息资源共建共享的重要形式，对当前图书馆事业的发展具有十分重要的意义。

1. 带来直接的经济效益

图书馆联盟使资源运筹从图书馆内部扩大到外部，使联盟图书馆的各种投入要素重新组合并实现更多的产出，形成联盟的规模产出效应，实现了对各种资源的有效组织和利用。图书馆联盟通过集团采购、合作编目、馆际互借、文献传递、参考服务等各个环节的合作，降低了资源建设成本和服务成本，因此所带来的经济效益十分明显。

2. 最大限度地满足了读者的信息需求

在社会信息化的今天，读者的信息需求已发生了巨大的变化。传统的图书馆的封闭独立特性，已经不能满足读者对文献或信息服务的要求。读者的需求开始向多元化信息包括视频信息（包括静态的信息如文本信息、图像信息，动态信息如动画、电视、电影、交互式媒体）、音频信息（包括声音、音乐等）和超视声频信息（包括超声频、视频信息）等多元化的需求转变。并且，这种信息需求也不再局限于具体的图书馆、信息研究所、文献中心等机构，而是超越国家、地区的限制转向全球信息需求。任何一个图书馆仅仅利用自己的资源来全面满足读者的需求是不可能完成的事，而通过图书馆联盟在一个国家、地区或系统内部有计划、分层次、有侧重地协调合作地收藏文献资料，建立联合目录和文献数据库中心，联合开展多种形式的文献信息服务，形成强有力的信息保障体系，就可能最大限度地满足读者需求。

第六节　高校图书馆信息资源建设的评价与保障

一、高校图书馆信息资源建设的评价

高校图书馆信息资源建设的评价就是在一定目标的指导下，系统地收集与信息资源体系相关的信息，通过分析解释，对信息资源客体的实用性和效益性作出客观的评价。也可以说，高校图书馆信息资源建设的评价就是对图书馆现有的信息资源体系、运行状况、效果等各方面进行衡量和检查，作出价值判断的过程。

（一）高校图书馆信息资源建设的评价的作用

科学、有效地进行高校图书馆信息资源建设的评价，可以起到以下几方面的作用：

第一，达到对资源的有效利用。帮助人们有效地认识、选择和利用有关的资源，是信息资源建设质量保障的前提。尽管大量的信息资源能够为人们获取信息提供有利的途径，但是，如何从这些资源中准确选择所需的信息并加以有效利用就成了人们面临的问题。通过对信息资源进行评价，可以提高信息资源的精度和有用性，改善信息资源的品质，促进信息资源的优化和良性循环，从而达到对资源的有效利用。

第二，提高信息资源的利用率。只有对馆藏信息资源建设结构的合理性、系统性、连续性进行评价，才能全面了解体现在不同载体类型、不同学科内容、不同存取方式的图书馆藏信息资源能否在数量、内容和使用方式上相互补充，合理分配；要重视采集、积累的信息资源是否系统、连续，因为只有系统、连续地采集和积累电子馆藏资源，才能保证其完整性和有效性。并且，只有采购到用户利用率高和用户重点需求的核心馆藏，才是提高资源利用率和用户满意度的根本途径。

第三，为图书馆制定馆藏资源建设发展决策提供客观依据。信息资源建设的科学、有效评价，对图书馆信息资源体系的建立和发展有着非常重要的意义。主要体现在以下几个方面：①通过对微观信息资源配置的质量定期进行评价，可以改进图书馆信息资源的采访工作；②深入了解馆藏信息资源是否符合本馆馆藏宗旨和图书馆的发展目标；③了解图书经费是否得到合理的使用。可以说，对信息资源内容进行评价，可以对文献资源满足图书馆用户需求的程度作出准确判断，从而为图书馆制定馆藏信息资源建设发展决策提供依据。

（二）高校图书馆信息资源建设的评价的内容

信息资源建设作为高校图书馆建设的核心，在高校图书馆藏建设发展历程中，经受了较多不确定性因素的影响。因此，必须对其科学地作出评价，以便根据结论及时地对信息资源的结构和数量进行调整。高校图书馆信息资源建设的评价的内容如下：

1. 对信息资源保障能力的评价

高校图书馆信息资源保障能力通常是从用户获取信息资源的保障能力和方便程度出发进行评价的。现代高校图书馆中着重考察数据库的学科覆盖面、文种覆盖面以及数据更新周期、回溯时限；图书馆远程链接数据库的数量和种类；信息资源的设备与布局等标准；允许上网查询专业数据库的人员范围；上网查询收费标准；网络开通的时间；网络的带宽和速度等。

2. 对信息资源质量的评价

高校图书馆信息资源质量主要指网络数据库的质量。网络数据库包括网上联机数据库和镜像数据库，在使用上具有专业性、易用性、准确性、时效性和经济性等特点。高校图书馆对信息资源质量的评价主要考察网络数据库覆盖的核心期刊、重点学术专著数量的多寡，数据质量是否可靠，查准率以及安全性能等；是否建立网络导航系统，对各个站点进行必要的访问和评估，从中精选出符合用户需求的信息资源，建立可靠的链接，真正起到发挥网络的导航作用；是否组建专题虚拟馆藏，根据用户需求有针对性地对所选专题的网络信息进行科学的组织、加工、更新和剔旧，并在网页上发布等。

信息资源的加工水平、信息组织水平是评价信息资源质量的另一重要因素。对网络资源加工处理的程度越深，信息资源的利用价值就越高，如专题汇编、述评、研究报告等。

3. 对信息资源共享程度的评价

伴随信息资源的数字化和信息传递的网络化，现代图书馆信息资源共享的广度和深度是传统图书馆无法比拟的。对信息资源共享程度进行评价时，应考察图书馆是否选择体现本馆特色的或有独特价值的馆藏印刷型文献进行数字化处理，并从数字化的数量、质量、传播范围、使用的方便程度入手测评，本馆的特色数据库建设。是否有突出本馆特色的、与众不同的全文型数据库、文摘型数据库、题录型数据库或索引型数据库；图书馆是否购买、租用或链接国内外的商业数据库。

（三）高校图书馆信息资源建设的评价工具

1. 层次分析法

层次分析法是于20世纪70年代中期提出，它是把一个复杂问题表示为有序的递阶层次结构，通过两两比较、判断和计算，对决策方案的优劣进行排序。这种方法可以统一处理决策中的定性与定量因素，特别适用于无结构问题的研究。

层次分析法是一种较为科学的决策思维方式，它把决策过程中的定量与定性因素有机地结合起来，用统一方式进行处理，进而改变了最优化技术中只能对定性问题进行处理的局限。此外，层次分析法所具有的将人的主观判断用数量形式表达和处理的方法特征，改变了长期以来决策者与决策分析者之间相互分离，难于沟通的状态，使决策者可以直接使用，并进行决策，因而大大提高了决策的有效性、可靠性和可行性。

1982年，层次分析法被引入我国后就在我国社会经济与管理的众多领域得到了广泛应用，如经济分析与规划、能源和资源政策分析、科研管理、人才规划与预测、产业规划与企业管理等。近年来，层次分析法的有关科学思想和方法开始被引入图书情报领域研究。层次分析法基本步骤：建立问题的递阶层次结构模型，构造判断矩阵，层次单排序及一致性检验，层次总排序及一致性检验。

2. 层次分析组合法

层次分析组合法是一种系统的决策方法，通过构建层次结构模型来处理复杂的多目标决策问题。层次分析组合法的优势在于其能够处理复杂的评价问题，通过量化的方式简化决策过程，提高决策的科学性和合理性。在高校图书馆信息资源建设的评价中，层次分析组合法可以帮助图书馆管理人员评估不同资源的重要性，制定合理的采购和更新策略，以及优化资源配置。

（1）层次分析组合法的基本步骤。

第一，建立层次结构模型：将评价问题分解为目标层、准则层和方案层，形成一个层次结构。

第二，构造判断矩阵：对于每一层的元素之间的相对重要性进行比较，并构成判断矩阵。

第三，计算权重：通过一致性检验后，计算出各元素的权重。

第四，合成权重：将各层次的权重合成，得到最终的评价结果。

（2）层次分析组合法的使用效果。在实际应用中，层次分析组合法已经被用于多个高校图书馆的信息资源建设评价。例如，有研究通过层次分析法对安徽省"双一流"高校图书馆信息服务进行评价，构建了包含信息服务资源、信息服务人员、信息服务项目、信息服务平台和信息服务满意度等五个一级指标的评价体系，并对中国科学技术大学图书馆、合肥工业大学图书馆、安徽大学图书馆进行了实证研究。此外，还有研究利用层次分析法构建了高校图书馆电子资源综合评价体系的模型，并对中北大学图书馆已购中文期刊数据库进行了实证分析与评价。

综上所述，层次分析组合法是一个有效的高校图书馆信息资源建设评价工具，它能够帮助图书馆管理人员做出更加科学合理的决策。

3. 模糊数学法

模糊数学是研究和处理模糊现象的数学分支。计算机的发展，使事物精确性与复杂性之间的矛盾更加突出，而此刻出现的事物模糊性不容忽视。模糊数学的使命之一，就是要使计算机能模仿人脑，对复杂系统进行认识和判断，从而提高计算机的"智能"，使现代化生产和管理水平达到更高程度的自动化。

高校图书馆信息资源建设的评价是一个复杂的系统，包含很多评价因素，且各因素的属性又具有不同的类别和层次。对于这样一个复杂的系统，仅仅使用简单的综合评价模型是很难对系统中各因素之间的模糊性和复杂性给予客观的描述的。因此，在研究和选择高校图书馆信息资源建设的评价方法的过程中，还需要考虑选择模糊数学方法来建立多层次模糊综合评判模型，从而保证评价结果的准确性和真实性。

模糊综合评判就是应用模糊变换原理和最大隶属度原则，考虑被评价事物相关的各因素，对其所作的综合评价。当因素集的元素非常多时，还可根据需要对它做多级划分，并进行更多层次的综合评判。

（四）高校图书馆信息资源建设的评价指标体系构建

评价指标体系是一套具有内在联系的、形成一定层次结构的、能全面反映系统总体目标和特征的指标集合体。对于复杂系统的评价，人们通常会将其看作一个整体，通过对这个系统的若干特征因素来进行全面综合的系统评价。

1. 高校图书馆信息资源建设的评价指标体系构建的原则

评价指标体系的制定，是图书馆评价活动中最为重要的环节，其科学性、合理性直接影响着评价质量效果。制定评价指标体系通常要遵循以下原则：

（1）整体性原则。图书馆信息资源建设是一项复杂的系统工程，系统中各组成部分通过有机结合、协调工作来不断发挥作用。对于这一项系统工程，要求指标体系也要全面地反映所评价对象的综合情况。设定指标时要遵循整体性原则，同时要涉及评价对象的各个方面，并且能够合理地构造层次框架和指标数量。这样，才能科学地反映评价对象的本质和规律，才能正确地表达评价的目的。

层次和指标的确定是没有绝对标准的，一般只从对信息资源本身所表现出的特征，以及信息资源对用户需求的满足能力及被利用程度方面考虑即可。选择评价指标，既要考虑正效应指标，也要考虑负效应指标。只有形成全方位的指标体系，才能保证评价内容的完整性。

（2）目的性原则。高校图书馆信息资源建设的评价活动无论是从指标体系的制定、相关数据的收集用户意见的调查，还是从评价方法的应用与计算，直到得出结果，都是一项复杂的系统工程。对于这项复杂的系统工程活动，可以在信息资源建设的不同阶段和不同层次展开，评价目标对象可能是信息资源建设工作的总体质量、信息资源体系的保障能力，也可能是文献询价采购的方案优选、入藏文献信息的知识情报容量等。

高校图书馆信息资源建设的评价活动的最终目的都是希望通过评价，达到纵向或横向比较，找出问题和差距，寻求改进工作的最佳质量点，为后续工作的科学决策和方案优选提供科学依据的目的。因此，在评价过程中，一旦锁定评价对象，选取指标就要目的明确，所选指标确实能客观、本质地反映相关内容，决不能将与评价对象、评价内容无关的指标也选择进来。

（3）多视角、多面性原则。在高校图书馆信息资源建设的评价中，"评价者"是质量概念的主体，"信息资源"是评价的客体。评价者包括读者、社会信息用户、图书馆员等，其中读者又有不同范畴。高校图书馆主要面对学生、教师、科研人员和一般的信息需求者，公共图书馆则要面对各行各业不同类型、不同需求层次的读者。因此，不同主体由于所处于的环境空间不同，就会从各自的角度出发，本着不同的原则理念，作出不同的评价。同时，馆藏信息资源本身所具有的各种因素也造成了评价指标的多维性，因此，在选择指标时一定要尽可能覆盖评价内容，避免因遗漏，使得评价结果出现偏差。

综上所述，制订评价指标过程的同时，对于评价主体的广泛性和评价客体的复杂性，要学会从多视角、多维度（如资源维度、用户维度、社会维度）去考察指标体系的可行性和实用性，在最大程度上避免评价指标与评价方法的缺陷。

（4）模糊性思维的原则。在一个复杂系统的评价指标体系中，大部分指标可能属于定性指标，而且某些定量指标也很难用一个明确的数值加以表达，这是由被评价对象的属性所决定的。同时，"评价"行为本身所体现出的也是一种"意识决定论"。尽管在制定评价指标体系过程之前已对主体用户和客体资源进行过详细分析，对指标的确立和指标量化的途径也进行过周密考虑，但其结果仍然或多或少地存在着某些缺陷。此时，就算取得较全面、较理想的效果，也只是暂时的，因为信息资源建设本身存在某些模糊性和不确定性，评价者观察角度也有所不同，评价思维方法也不可能强求统一。

在上述情况下，就可以使用模糊数学的思维模式。借助模糊性思维，可以从复杂模糊的现象中求得精确的数学规律，为研究那些基本概念的内涵和外延不分明、难以用数学精确描述的问题提供方便简单的评价途径。模糊性也是评价指标体系的客观性和灵活性的反映。将数学抽象思维模式创造性地应用于信息资源建设综合评价领域，在追求准确完善的前提下允许一定程度的置信区间存在，以系统综合的指标效应来反映总体的质量层次，评价效果可能将会更为理想。

（5）动态性原则。评价的动态性主要体现在信息资源建设在时间和空间上不断发生变化。信息资源体系是"一个生长着的有机体"，信息的输入与输出不断发生流变，导致其某些属性发生改变。信息资源建设本身也是一个动态过程，在不同阶段、不同环境下具有不同的建设策略和工作内容。同时，用户的信息需求也在不断变化，现实的信息需求得到满足，新的和潜在的信息需求又会显现出来。

用户既是信息资源的使用者，又是信息资源建设的评判者，随着需求心理和需求行为的变化，每个评判者随时都有改变角色的可能性。这就是说，主体评判者也具有动态性。因此，信息资源建设的评价方法和指标体系必须力求适应这种动态性的特征，根据变化和需要不断作出相应的调整和修正，使不同类型、不同层次的信息资源建设内容都能在评价指标体系中得到体现。

（6）科学性原则。科学性原则不仅要求评价方法具有科学性，同时要求评价指标体系也要有科学性。评价指标体系的科学性体现在三个方面：①准确性。所有指标均应体现现实信息资源建设的水准，力求较为科学地揭示信息资源建设的本质和规律。②可测性。指标含义必须明确，所用的数据资料应便于收集，便于计算机处理，含义模棱两可的指标可能会影响评价结果。③可比性。正确评价指标时，指标应尽可能量化，同类指标具有可比性，对定性指标也要通过一定的方式和途径进行恰当处理，达到定性与定量相结合的目的。只有充分考虑这些原则，所构建的指标体系才能有助于提高实际评价的科学性和合理性，提高评判者和决策者们的信任度。

2. 高校图书馆信息资源建设的评价指标体系的构建过程

评价指标体系的构建应根据实际情况，对不同评价对象和评价目标采取灵活的处理方式。总体上来看，构建高校图书馆信息资源建设的评价指标体系的具体过程如下：

（1）明确评价意图。明确评价意图，就是要首先搞清楚评价的对象是什么，评价要达到什么目的。同一评价对象，如果评价目的不同，对评价的理解及所涉及的内容就可能有所不同，所建立的评价指标体系也会有所差异。这里的评价对象是图书馆信息资源建设的整体状况以及各个不同的侧面，明确将图书馆信息资源对社会需求的满足能力和信息被利用程度作为评价的基点。所以，评价指标体系就要围绕这个主题展开，通过评价找出最佳质量点，获得决策依据，以达到适时有效地调控馆藏资源建设发展过程的目的。

（2）筛选测评指标。与被评对象有关的因素很多，这些因素有的在测评指标中起着主导作用，有的则只起次要作用。针对评价对象和评价目的，选择什么样的测评指标是建立评价指标体系的关键一步。

选择测评指标的一般原则是看其在评价过程中所起的作用大小。在筛选测评指标之前，可以先对评价对象进行全面调查分析，对所有相关因素都尽可能做到胸中有数，然后再对松散状态的指标进行重要性比较和排队梳理。其中，极重要、重要的因素都可选作为测评指标。而那些对评价结果不产生影响的因素，以及仅仅具有较小的影响作用，或者说评价价值较低的因素就应该予以排除。

此外，还需要恰当地限定指标的数量和层次。一般认为，应以尽量少的主要指标运用于实际评价工作。如果指标数量太多，层次过于烦琐，就可能造成轻重不分、主次不明，进而降低评价的准确度。同时，也会加大评价的工作量。如果指标选择太少，过于粗略，则不能反映评价对象的本质特征，达不到良好的评价效果。

（3）建立评价指标体系。指标的集合是松散的集合，要对其作出正确评价，就必须理顺它们之间的相互关系，进而形成一个互为关联的体系。因此，在筛选出评价指标后，还必须建立指标的结构体系，使各项指标元素之间形成质的联系。

建立评价指标体系时，所采用的行之有效的方法是层次分析法中的递阶层次结构模型，以指标间相互制约关系为纽带，建立起相关树状的层次结构指标体系。但要注意，在所形成的评价指标体系中，各项指标都必须依照其支配关系而存在，而且只考虑一种主要的支配关系，不允许出现指标循环制约关系。

（4）检验与优化。建立任何评价指标体系，都必须通过实践检验，并根据实际情况进行必要的修正。信息资源建设本身就是一个反复深化、不断创新的过程，评价指标体系也需要随着信息资源建设体系的变化情况，不断完善和优化自身，才能始终保持指标体系的客观性与实用性。

（5）确定评价指标体系。

第一，读者满意性指标。读者满意性指标包括以下几方面：数字化资源，由信息资源数量、数据库、电子文献数量、网络服务水平组成；非数字化资源，由各类纸质文献数量、纸质文献质量、关于纸质文献宣传、纸质文献管理水平组成；技术设备，由图书管理系统、多媒体阅览室、各种计算机硬件、各种计算机软件、复印设备、打印设备组成。

第二，馆藏特色性指标。馆藏特色性指标包括以下几方面：特色文献收藏，由古籍、名人字画、学科特色文献、地方特色文献、类型特色文献、文种特色文献组成；特色文献开发，由摄影、摄像、录音、民间故事、歌谣、谚语、民间风俗、族谱的深加工，特种教育资料，专题述评，进展报告，动态综述，未来预测组成；特色数据库，由综合信息库，成果库，专家库，文献信息库，法规、专利、标准数据库，地方特色数据库组成。

第三，结构性指标。结构性指标包括以下几方面：数字与非数字资源的比例，由电子与纸质图书的比例、电子与纸质期刊的比例组成；读者结构与信息资源的契合度，由信息资源总体结构与读者类型结构的相关性、藏书结构与学科结构的适应性、信息资源总体数量与读者数量的比例组成；基本馆藏与其他馆藏的比例，由外文信息资源与中文信息资源的比例、基本馆藏与特色馆藏的比例、重点学科与其他学科信息资源的比例、图书与期刊的比例，高级研究类与基础类信息资源比例、新旧信息资源比例组成。

第四，效益性指标。效益性指标包括以下几方面：社会收益，由对读者科研成果的经济价值贡献、对读者自身素质的提高的程度、对读者个人积极人生观形成的贡献、读者对图书馆文献资源的满意度、读者对图书馆服务的满意度组成；信息资源利用率，由纸质文献外借、内阅量，馆际互借量，数据库利用率，电子文献利用率，知识情报提供，复印传送量，信息宣传教育，远程信息传送量组成；经济效率，由信息服务各种直接经济收入组成。

第五，安全性指标。安全性指标包括各种以下几方面：安全预防硬件设施，如消防设施、各类防盗设备、温度湿度控制、不间断电源可靠性、防雷电设备、防磁场设备、防静电设备等；安全预防软件设施，如杀毒防毒过滤软件与技术、操作系统稳定度、数据库备份、数据库加密，同时还需要加强工作人员的安全知识与安全意识。

二、高校图书馆信息资源建设的保障

信息资源保障体系是指在一个国家或一个地区范围内，各类型的信息机构协调合作，根据统一的规范，建立一个集信息资源的收集、组织、存储、传递、开发和利用于一体的信息资源保障体系。信息资源建设的最终目标，是要建立一个能最大限度地满足社会信息需求的信息资源保障体系。这是一个实体系统，包括信息资源的储备系统和服务系统。这一保障体系将以层次结构科学、空间布局合理的资源网络体系为物质基础，以信息资源社会共享为社会目标，以文献信息事业社会化为组织形式，以电子计算机通信网络为技术手段，使有限的信息资源能够最大限度得以利用，也满足社会对信息资源进行充分开发和高效利用的需要。

（一）高校图书馆信息资源保障体系的建设特性

新形势下，高校图书馆信息资源保障体系需要协调好分布式处理、自组织和资源共建网络整体性之间的关系，既要按照主体性的要求，强调资源共建的网络管理和事前控制，同时还要依据分布式和自组织原理，充分发挥各共建网络节点的积极性、自主性和创造性。

信息资源保障体系的建设机制，应该是自上而下和自下而上两种途径，要发挥计划和市场两个机制的作用，调动中央和各地方、各系统的积极性，体现我国的发展特点，形成一个整体性和多样性相结合、集中与分散相结合的信息资源保障体系。

1. 集中性

在高校图书馆信息资源保障体系中，集中性主要体现在：

（1）政府主管部门合理、适度的法治保障、经济保障、政策优惠等。

（2）业务工作规范化和技术工作标准化。

（3）以规划和政策为导向，保证动态信息及时通报，减少共建共享的盲目性和重复建设现象。

（4）主管部门或行业中介组织从内部协调各系统、各地区信息服务机构之间的关系，从外部协调与出版社、发行机构、用户，以及其他信息机构的关系。

（5）采用评估、考核、监督检查、表彰奖励等行政管理手段，激发信息服务机构参与信息资源整体化建设的积极性和主动性。

2. 分散性

在高校图书馆信息资源保障体系中，分散性体现在：

（1）各信息服务机构具有相对的独立性，在整体的信息资源保障体系建设中具有相对的自主性和灵活性。

（2）信息资源保障体系建设要体现吸引社会力量参与、自愿参加、共建共享、互惠互利的原则。

（3）将契约关系作为信息资源共建共享的基础，自下而上用契约关系建立起比较稳定的信息资源保障体系的结构。

信息资源保障体系的建设是一项十分复杂而艰巨的任务，其建设方案需要每个信息服务机构与时俱进，不断进行调整和完善，以便为整体的信息资源保障体系建设积累经验、打好基础，从而为全国性的信息资源保障体系早日实现作出贡献。

（二）高校图书馆信息资源保障体系建设的意义

相对于一个国家而言，信息是其重要的资源和财富，并且已经成为经济建设和社会发展中不可缺少的基础组成部分。由于文献信息资源建设是一种连续、持久的工程，为防止各自为政，重复建设，必须从宏观战略角度把握文献信息资源建设。

随着用户对信息需求由单项需求向广泛性需求转变，且对信息的实效性要求更高，以及近年来科学技术的高速发展，各类型文献的数量迅猛增长。任何一个图书情报机构都不可能将全世界上所有的出版物收入馆中。

随着信息网络的发展，在国家文献信息资源保障体系的基础上，这些地区的用户可以通过网络来获取文献信息富集地区的信息资源，满足当地经济发展需求。

（三）高校图书馆信息资源保障体系的建设内容

信息资源共建的最终目标，就是要建立一个能最大限度满足整个社会信息需求的信息资源保障体系，要使信息资源共建共享这个动态的社会系统工程发挥其最大的社会效益和经济效益，就需要社会各方面的广泛参与，共同建设。

信息资源保障体系建设的目标是要通过全国的信息资源整体化建设，使我国信息资源保障体系能够满足信息资源保障体系建设的原则，就是要以整体信息资源建设的经济效果及最大限度地满足社会对信息资源的需求为目的，并要体现达到这个目的的手段，能够指导信息资源保障体系建设的主要方面和主要过程。

为了保证我国的信息需求有一个较高的保障，就必须对所需的信息媒体有一个较为完备的收藏，并不断完善自己的信息资源保障体系建设。我国作为一个发展中国家，信息资源比较贫乏，如果不能改变这种状况，拥有属于自己的比较丰富的信息资源，就很可能会在未来信息需求的满足上受制于人。单就任何一个国家而言，自己拥有自己所需要的信息资源，才是最为安全、最为方便的。

从具体的信息服务机构看，网络化的环境确实为信息服务机构"获取"各种信息提供了极大的便利。在网络化的今天，信息资源保障体系的形式较过去有了一些差别，但其本质并没有发生变化。计算机网络的普及没有使信息资源保障体系建设失去意义，反而是对信息资源整体化建设提出了更加迫切的要求。为了保证从网上获取信息资源的全面、充足和系统，减少冗余和浪费，客观上更需要各信息服务机构自觉地把自己纳入地区、系统，甚至全国的信息网络中，开展信息资源整体化建设，通过协作协调，合理分工、布局信息资源，从而在全国范围形成一个更加高效、节约的信息资源保障体系。

第三章
高校图书馆学科资源与建设

第一节　高校图书馆学科资源建设方法与原则

一、高校图书馆学科资源建设的方法

"学科资源是高校师生开展教学科研的重要支撑，为学科建设提供了丰富的文献资源。"[①] 高校图书馆学科资源建设，需要通过对用户需求、自身定位、学科所在等很多方面的综合研究后，才能最终确定适合本馆特色的学科资源建设的目标。高校图书馆确定目标时，应该从需要与可能出发，优先解决急需文献资源。另外，学科资源建设的目标重在应用，而非知识的发现和知识体系的完善。要以实用为原则、够用为标准，图书馆采购部门应努力搜寻国内外出版信息，掌握相关学科最新出版动态，采集能反映最新学术成果和学术动态的参考资料，在图书品种、数量、质量上尽量满足用户的需求。要准确及时、灵活多样地采购文献，制订完备的购书计划，为高等教育提供优质文献信息。

高校图书馆学科资源建设的方法如下：

（一）印刷型学科资源建设的方法

图书馆资源都是基于长期的历史积累，有自己鲜明特色的馆藏结构，通过健全和发展，逐渐形成了图书馆自由的风格和特点。在进行学科资源建设时，要遵循系统性、分层性原则，明确特色与一般资源的差别和联系，通过多种渠道、多种信息载体、多种服务方式、多种科技手段等，来增加馆藏数量和质量。作为信息资源中心的图书馆学科资源建设，必须兼顾读者不同层次、不同

[①] 袁钰莹.高校图书馆学科资源建设的创新举措[J].湖北师范大学学报（哲学社会科学版），2021，41（06）：151.

深度、不同目的的文献需求，注意文献的综合性、系统性，将不同学科、不同类型、不同语种的文献资源，针对不同层面的读者加以合理组织和科学配置，建立起一个有主有从，既有系统完整的基本藏书，又有丰富实用的辅助藏书，以及珍贵精良的特色藏书的系统、完整、全面的文献保障系统。

第一，开发利用印刷型特色馆藏，发挥其学术价值和学科作用。特色馆藏藏品的经济价值非常高，其学术研究价值更不应该被忽视，应开发、利用和真正发挥其学术价值。我国各高等院校图书馆都拥有数量不等的特色馆藏，但校外研究者对其利用率比较低。因此，高等院校图书馆应解放思想，广泛宣传特色馆藏，使其得到广泛利用。

第二，争取资金支持，走可持续发展道路。图书馆的学科资源建设，要保证有足够的经费。只有经费到了位，才能全面、系统地采集到符合本馆特色的文献，充足的资金保障是学科资源建设的根本。

第三，培养一批高素质的学科资源管理专业人员。人才是保证学科资源建设的关键。面对新技术的应用，我们要坚持以人为本，把工作放在本馆馆员自己力量的基点上，把培养人才、建设队伍、提高人的素质放在第一位。学科资源建设的过程也是一个锻炼人才、培养人才的过程。在提高素质的同时，特别要加强对计算机技术、信息开发技术、网络技术等方面内容的培训和学习，不断提高信息处理和使用技能，使数据库建设和维护人员尽快成为数字资源加工与管理、系统开发与维护、知识产权使用与保护以及特色数据库组织运营与管理等方面的专业人才。指定专业水平高、责任心强、具有开拓创新精神的馆员负责该项工作，以保证入藏文献符合本馆特色要求；同时还要广泛征询广大师生员工的建议，群策群力，做好信息资源采访工作。

第四，培养学科资源建设的学科馆员队伍。培养学科馆员学会利用馆藏资源进行学科资源建设，这是进行学科资源建设的基础和前提条件之一。学科资源建设需要一支专业性非常强的学科馆员队伍。学科馆员除了掌握图书情报专业知识外，还需要具备一定的专业知识以及超强的实践能力与孜孜以求的工作热情。

第五，聘请专家落实管理质量。特色馆藏资源的数字化、特色数据库的选题与建设、特色网络资源导航系统的建立，都不能缺少专家的积极参与，他们是图书馆网络化资源建设的智囊和顾问。当然,在充分肯定专家在文献资源建设中的重要作用的同时,必须认识到,各学科的专家、教授往往偏重自己所研究的领域,对馆藏资源的整体性往往缺乏全盘考虑,这不利于馆藏文献资源体系的协调发展。因此,文献采购人员必须对来自专家的信息综合分析,总体调控,在文献资源建设总原则的指导下,统筹安排,精心采集,使各学科文献的比例更趋于合理。

图书馆采购人员长期从事图书采购工作,一般有着丰富的经验和基本的学科背景知识,但是他们不可能熟悉整个学校所有学科科研领域的文献,对众多学科的课程也不可能一一了解清楚。有了专家学者的参与,可帮助采访人员掌握更多的学科专业知识,拓宽采购人员的视野。这有利于图书馆文献采访人员对文献的科学价值和利用价值作出准确的判断,从而保证入藏文献的质量。

(二)数字型学科资源建设的方法

1. 做好选题调研工作,提高学科数据库的质量

学科资源的质量是整个馆藏建设生命力的体现,只有学科资源质量得到保证,才能实现其建设的真正意义。选题是学科资源建设的关键环节,国内外建设成功的学科资源,往往选题精准。

明确的主题和学科专业,除了要在自己馆藏方面有较大的优势外,还要对此专题有较为全面的了解。这样建设出来的学科数据库才有自己的特点,有竞争能力,而且可以避免浪费。

综合考虑所在高校和地区的需求来选定,一个好的学科化选题可以达到事半功倍的效果。在选题上除了考虑本馆服务对象和馆藏特色以外还要做详细的调查研究,要掌握所选项目在国内有无重复或类似,要掌握数据量能否达到一定规模,还要考虑到用户需求量的大小。不局限于以项目建设学科数据库,也可以根据馆藏特色和特定用户需求由本馆支持自主建立学科数据库。

2. 挖掘重点学科和地域性主题,制定合理详细的计划

每一所图书馆都有自己的重点收藏目标,高校图书馆应根据学校的学科特点、馆藏原则及读者需求等因素来确定文献学科化目标。要在充分了解馆情的基础上,制定符合本校学术研究需要的选题。这是学科资源建设取得成功的先决条件。

地方文献和地域特色文献也是高校图书馆采集的一笔宝贵财富，要深入挖掘与探讨此类地域性文献主题，构建特色鲜明的地方性特色馆藏。除了要深挖地域主题外，高校图书馆学科资源建设能否有成效，方案的制订也是至关重要的一步。为此，高校各图书馆务必要搞好调研，并根据本馆、本校、本地区、本系统乃至全国的实际情况，制定出一个科学合理、切实可行的学科资源建设方案，同时要加强组织落实，以促进高校图书馆学科资源建设。总之，井然有序的安排会减少多余的劳作，提高工作效率。

3. 结合互联网技术，实现信息自动采集

信息资源自动采集系统，是实现图书馆数字资源采集"快、精、广"的利器，但要注意版权问题，需要时候标明转载出处。网络信息采集技术的出现不但解决图书馆人手不足问题而且还可以提高图书馆工作效率和服务水平。

在文献资源建设的过程中，每个馆都必须根据自身的服务指向，在文献内容上明确哪些是必须收集、保存的，哪些是可以利用光盘或数据库及网上资源作为虚拟馆藏的内容，以满足不同学科、不同层次、不同深度的文献需求。如何分清主次，确定重点学科，当然得从调查研究出发，根据所在单位的发展规划和学科队伍现状，摸清馆藏家底，并在文献资源体制的服务指向要求下，为文献的遴选确定符合本单位发展需要、自身服务功能和馆藏文献特色的入藏原则。

4. 坚持特色，优化资源配置

学科资源的建设需要人力物力的持续投入，学校若能够增加对图书馆的经费支持当然最好。如在进行数字化时，用来加工的电脑、扫描仪若比较新，会提高成品的质量，使得生成的文件占用硬盘空间小，清晰度却很高，处理速度快，节约大量时间。同时，图书馆也应充分发挥主观能动性，争取向政府、社会等多方取得支持，可以与其他高校按照地区或性质组合的形式联合购买大型数据库。

5. 重视标准化、规范化建设及维护工作

在高校图书馆学科资源建设中，需要所有高校图书馆的参与、合作，而且通过网上传输提供服务。需要有统一标准，各种标准之间需要联系和协调，建立一个完善的相关标准体系，加以严格遵守。标准化工作是高校图书馆管理中的基础性工作，必须在建立统一合理的标准和秩序的基础上，才能实现对高校图书馆建设和利用的效率最大化。这是关系到当前高校图书馆资源使用和共享的关键因素，如果不按照标准化建设，数字资源就容易出现重复开发和建设，重复投入和使用，造成人力和物力的浪费，同时造成资源信息的冗余。

目前，数字图书馆的建设已经成为全球信息科学高速发展道路上无可替代的信息资源集散地，它采取的跨地域和跨图书馆的在线查询和使用方式，为科学技术的发展奠定了基础，但数字资源的管理有别于传统管理模式，管理的对象也产生了变化，需要一系列严格的技术标准作为依据，包括电子文档的格式、读取、储存，信息网络标准、检索方式标准等，正是由于数字资源的特殊性要求，对数字资源的标准化建设就显得格外重要。

高校图书馆数字资源建设体系标准化是众多标准的基础，它把所有的标准进行融合和整理，进行宏观的调控和管理。该标准需要具备规范化、制度化、体系化等要求。特别是在管理方面，需要图书馆的各职能部门都能够按照统一的标准和规范指导日常工作，实现各系统、各部门、各资源间的协调一致，为建立一个科学、高效的图书馆数字资源管理体系提供标准。

数字资源的标准化建设主要涉及对各项相关技术标准的制定和实施，要按统一的数据格式、数据库建设规则、连续出版物的著录标准进行特色数据库的建设。同时，现已建成的数据库按统一的标准进行改进，剔除重复数据，合并同专业同种数据库。以确保文献信息能在网上快速流通和资源共享。不过由于数字资源的特殊性，标准化制定的种类比较繁多，大致可以分为9类，分别是系统共用平台标准、数目数据库标准、服务体系标准、数据存取标准、资源交流和共享标准、信息传输标准、软件通信标准、文献著录标准和人力资源管理标准。

数据库建设是一项长期性的工作，数据录入的完成并不意味着数据库建设的完成。数据库建成后，数据修改、数据维护、数据更新等后续工作是保证数据库质量和提供服务的必要手段，不可轻视。在看到数据库不足的同时，要积极地采取措施进行修改和维护，以期使它们发挥更好的服务效果。

6. 锐意创新，提升学科服务水平

高校图书馆学科资源应该是它长期面向特定服务对象而形成的文献资源收

藏特点的概括。其形成根源是读者的需求，是"需求"形成了"特色"和"学科"。高校图书馆必须树立以读者为中心的理念，以满足读者需求为第一要务，在竭诚为读者服务的过程中体现图书馆自身的价值；树立以特色信息服务满足读者的理念，根据社会的需要，根据馆藏特色及地区系统文献保障体系建设的分工，瞄准服务对象，关注特定群体，充分发挥图书馆信息组织的优势，建设特色信息资源，以独特的信息服务满足读者需求；树立与读者动态需求相适应的理念，强化服务意识，更新服务方式、手段、内容及模式，建立起对用户需求快速反应的运行机制，制定特色的服务规范和管理模式，提供特色知识服务，寻求适合时代发展的图书馆特色资源建设思路。

7. "以人为本"，提高服务质量和效率

随着信息化、网络化迅速普及，高校图书馆网络化建设更是有了飞速的发展，读者对信息的需求不再受图书馆地域、空间和开放时间的限制，他们希望能通过先进的技术设备，远程就能获得他们所想要的信息。为了适应社会的发展，更为了进一步满足读者的需求，我们在学科资源建设的同时，注重特色数据库的研制开发。这样不仅丰富了读者获取信息的渠道，作为一个完整的、系统的学科资源整合，将成为图书馆长足发展的一个亮点。学科资源建设的目的不能只局限在为读者准确地提供某个信息点或知识点，更重要的是要对信息资源进行深入的揭示，为读者提供知识链和信息链的个性化服务，根本目的就是坚持以人为本，提高图书馆的服务质量和效率。

二、高校图书馆学科资源建设的原则

高校图书馆学科资源建设是一项长期的系统工程，建设过程中一直遵循着一定的原则，它们是实用和特色原则、共享和先进原则、标准化和通用性原则、系统性和准确性原则、安全性与可靠性原则、分工协调原则、产权保护原则。

（一）实用和特色原则

从本质说，数据库只是工具层面的东西，实用和具有特色才是其目的。在学科资源建设中，建设学科的特色数据库是一项重要内容。所以在选题时应注意学科资源建设的项目和特色选题是否注重面向地方社会经济和教学科研发展的实际需要，同时也从读者使用、读者数量和特色资源质量的角度，优先保障重点学科。

（二）系统性和准确性原则

学科信息资源建设过程中要注意文献信息资源的系统完整和各类信息资源之间的相互联系；保障重点学科，也兼顾其他学科，逐步完善学科覆盖面，从而形成合理的信息资源建设体系。

高校图书馆要考虑准确性，加工数据时应采取科学、严格的质量管理办法，而且一定要采用准确的原始信息即一次文献，尽可能避免其错误，提高引用率和检准率。从可持续发展的角度来说，特色资源数据库还需经常性地更新和维护。平时要多收集数据库在使用过程中的反馈信息，及时对数据库内容进行替换、删除、修改和整理，确定合理的更新周期，使用户尽早获取最新信息，以保持特色资源的生命力。

（三）标准化和通用性原则

为了实现资源有效共享，高校图书馆在项目建设中必须遵循通用性与标准化原则，必须遵守网络传输协议、数据加工标准和有关文献分类标引著录规则等要求，采用具有规范化的特色库建设模式和标准化的数据格式、库结构及检索算法，确保数字化产品的通用性和标准化，从而为共建、共享创造条件。尽量增强文献标引的深广度，扩大检索点，设立途径的检索方式，完善索引，规范机读格式，努力提高高校图书馆建库质量。除采用已有的国家标准外，还要注意同国际接轨，加强国内外检索的通用性。

（四）安全性与可靠性原则

图书馆在学科数字资源建设时，要对大量的数字资源进行加工、存储、传递和管理，并利用网络为众多的终端用户提供各种信息服务，因此系统的安全性十分重要。所以在建设过程中既要选择技术成熟、性能安全可靠的信息存储设备，又要采用先进的网络管理系统，确保网络系统的安全性和数据的可靠性。

（五）分工协调原则

从全局出发，统筹规划、分工合作、合理布局，有重点地进行资源建设，体现整体优势，以管理中心为基础构建二级联合保障体系，形成具有较强整体功能的信息资源体系。

（六）产权保护原则

高校图书馆建设一个数字图书馆必须尊重信息资源知识产权系统，以避免麻烦。数据库的建设是一项系统工程，知识产权保护是其核心内容之一。知识产权保护贯穿于数字资源加工、组织、管理、传播和使用的各个环节。特色文献数据库的建设应根据不同类型文献存在的法律形态，充分尊重不同著作权人的授权意愿，采取区别对待的原则，为信息资源的有效共享与利用奠定基础。特色数据库的建设必须严格遵守国家知识产权保护法，所有数据来源要产权清晰，发布的一切信息必须符合知识产权保护的要求。

（七）共享和先进原则

高校图书馆学科资源建设是文献资源保障系统建设中的重要内容，在用户信息需求不断增长及网络数字资源迅猛发展的形势下，要满足用户的信息需求，扩大自身生存空间，必须走共建共享的道路。高校图书馆进行学科数字资源建设时，应根据现有的资源状况结合本馆的优势和特色，在对信息资源进行深度开发的基础上建设自己学科特色的专题信息资源数据库，才能实现资源优势互补和最大程度上实现信息资源的共享。

高校图书馆之间需要加强沟通与合作，进行交流达成资源共建共享之共识，通过合作进行大规模的数据库建设，避免重复建设。打破各部门各自为政的局面，实行分工协作，联合建库。在建库过程中，一定要采取先进的规范和技术，按元数据标引格式规范、文献著录标准、检索功能等一系列标准要求来建库，最终达到与全国图书馆实现资源共建共享的目标。

第二节　基于学科化服务的高校图书馆资源建设

近年来，学科化服务在高校图书馆的深入和发展，学科馆员服务资源（本文中的资源主要指文献资源）建设的尝试，成为高校图书馆学科化服务的新亮点。因此，高校图书馆在对资源建设进行宏观控制和微观分析的基础上，根据学科馆员提供的学科化服务来创新和优化资源建设服务模式很有必要。

一、高校图书馆学科服务

学科服务是伴随着学科馆员制度的发展而兴起的一种信息服务,其内涵是以用户的知识需求为导向,开发知识资源,集成学科专业属性的知识产品,面向学科提供知识内容服务;是提供增值的知识资源,集学科化、知识化、个性化于一体的服务模式。因此,学科服务是以用户为中心的,通过学科馆员依托于图书馆各种信息资源,面向特定用户和机构,建立基于教学科研的、多方位的、新的服务模式和服务机制。只要是学科馆员借助于计算机技术和网络技术,依托图书馆资源和网络资源,面向一线科研人员开展的高层次的信息服务、知识服务等均是学科服务的范畴。

(一)学科服务的特征

学科服务是一种需求驱动、面向科研过程的服务。它通常采取知识化组织模式,以用户为中心,面向服务领域或机构,组建灵活的学科单元,将资源采集、加工、重组、开发、利用等工作融于每个学科单元之中,整合传统高校图书馆职能部门,使信息服务由粗放型管理转向学科化、集约化管理,以方便学科馆员提供更深入、更精细的服务。

学科服务除具有以上信息服务的共同特征外,还有以下几个突出的特征:

第一,组织方式学科化。高校图书馆的服务工作通常都是按照文献流来组织的。从文献的收集到最后被读者利用,其中各个环节都有相应的服务。而学科服务不再按照文献工作流程进行组织,而是按科学研究(例如学科、专业、项目)来组织科技信息工作,即为一个学科、一个专业或一个项目,提供从信息收集到信息分析的全部信息服务,这样就能将信息服务融入科学研究工作中,真正成为科研活动的一个重要部分,使信息服务具有学术性质,更好地发挥信息资源的作用。

第二,信息服务泛在化。学科服务是信息服务学科化和泛在化,学科馆员借助于网络的便捷,利用自己的学科背景知识为相关学科提供其需要的信息,使学科服务无所不在,完全融入用户和周围持续的信息流。用户无论何时、何地都可获得服务,真正做到信息服务的泛在化。

第三,服务内容知识化。学科服务是要对获取的信息进行二次加工,利用情报学原理和文献学方法，按照相关学科的知识体系分门别类地进行信息的重组以便研究人员使用。学科服务是知识化的信息服务，是跨越高校图书馆的文献信息服务边界，参与文献、信息、知识（信息服务内涵的深化）的生产、分析、传播和利用过程（扩展服务外延），深化高校书馆信息服务内涵、扩展服务外延的一种新型服务理念与模式，是高校图书馆致力于信息环境建设，融入用户教育科研过程开展专业化服务的战略选择。

（二）学科服务的一般内容

1. 定题服务

定题服务，是图书馆的传统咨询服务，又称"定题情报服务""跟踪服务""对口服务"等。定题服务是一种把用户的需求作为导向，定期或不定期地为用户传递或推送最新的信息，以最大程度满足用户需求，从而实现自我价值的服务模式。它是情报检索的延伸，是一种特殊形式的检索服务。

学科馆员在进行定题服务时首先跟踪到各个院系师生在科研中遇到的问题，通过对信息的收集、筛选、整理，定期或不定期地向用户提供他们所需的信息，来保证他们的课题项目连续、顺利进行的服务。这种服务是由学科馆员以文献跟踪的方式，主动地、持续地、系统地向学科建设的主体提供必要的情报资料和信息资源。高校图书馆定题服务的开展，是贯穿于学科建设始终的，它能够有针对性地为学科建设提供该学科领域发展的最新动态，帮助把握学科建设未来发展方向，真正体现高校图书馆的价值所在。

2. 开发特色学科数据库

数据库是信息资源管理和开发利用的基础，它可以有效地将信息资源进行系统的组织和整理，使用户能够方便、及时、快速地检索相关信息。作为大学的知识库，高校图书馆具备丰富的文献信息资源，同时也具备获取网络信息资源的专业人员和软硬件设施。

在学科建设中，高校图书馆的学科馆员与教学科研人员通力配合，综合专业知识和高校图书情报知识，将网络虚拟资源和馆藏实体资源进行整合，开发出学科特色数据库，如重点学科题录数据库、特色学科全文数据库、学科学术论文数据库、教师指定参考书数据库等，全面真实地反映该学科的学术活动、研究机构、研究成果以及研究发展现状等，并随时更新。高校图书馆特色学科数据库可以极大地方便各院系师生打破时间上和空间上的限制，随时查阅本学科的相关文献资源。

3. 重点学科资源智能导航

高校图书馆学科馆员应以成熟的校园为依托，将丰富的虚拟馆藏资源作为建设重点学科资源智能导航的核心来源，使全国范围内的专家学者可以通过导航网站，迅速、方便地搜集到丰富的信息资源，掌握学术发展的前沿和最新动态。

4. 教学规划设计

高校图书馆学科馆员应走出图书馆，直接参与到科研活动中去，与各个对口院系的教师和学生建立经常的联系和沟通，一方面学科馆员可以了解师生的学术和科研进展情况，另一方面也方便师生向学科馆员及时反映文献信息资源的需求。这样可以使图书馆的资源与学校的学科建设在进度上保持一致，才可以形成对教学更加有针对性的规划设计，使得教学和科研的目的性更加明确，也使图书馆的资源物尽其用。

5. 个性化学科信息门户

高校图书馆学科馆员可以根据重点学科科研人员的服务需要，通过个性化定制服务系统，为其创建属于自己的个性化信息定制服务。学科馆员可以定期地对用户的课题研究方向进行跟踪，抓住用户的研究兴趣和特点，结合用户的需求为其制定服务政策，因地制宜地开发利用信息资源，从而更深入地为学科建设主体服务。学科馆员可以为用户在图书馆网站中设立个人学科信息门户，是图书馆个性化信息服务的主要模式。

6. 团队化信息服务

学科服务是高校发展对图书馆提出的客观要求，也是高校图书馆信息服务发展的新增长点。把学科作为切入点，以学科建设主体的学科属性建立学科化知识服务模式，它的运行机制是通过对用户进行分析，设计并挖掘出图书馆所具有的个性化、学科化、专业化的知识资源，帮助用户创造和优化知识资源的获取环境。它从观念上打破传统，把为用户提供信息服务转变成为用户提供知识服务；从组织机制上，完善学科馆员制度以及个性化服务机制；从服务模式上，设计并制定突出学科专业的个性化模式；从资源组织方式上，把用户的个性化需求作为出发点，挖掘学科服务资源，整合各学科领域的信息资源。随着信息技术、网络技术以及现代通信技术的发展，学科化知识服务以学科馆员为纽带，将会使图书馆的服务延伸到学科建设的主体中，真正使图书馆的服务融入科研活动中。

学科馆员可以作为学科课题或科研立项的参与者，一起加入科研团队中，作为科研团队处理信息资源，及时地解决团队内的信息需求的信息专家。在科研活动中，教师和学生往往会承担繁重的教学和研究任务，没有足够的时间和精力去图书馆或者网络进行信息的搜集整理，甚至是编写研究综述和资料汇编。学科馆员则可以凭借对学科专业知识的了解，以及熟练利用图书馆资源的能力，将最新最前沿的科学信息资源整理出来，以学科期刊、网络博客、问题综述等形式共享，使学科建设的主体能够及时掌握这部分信息资源，这将更有益于科研的顺利进行和图书馆藏资源的有效使用。

二、高校图书馆资源建设的学科化服务模式

以用户为中心的学科化服务逐渐成为学科馆员的主要职能。近年来，高校图书馆用户的信息环境、信息需求和信息行为都发生了巨大变化。因此，直接面向资源建设提供学科化服务的模式和机制也需要改变。学科化服务的发展必然要求资源建设也相应随之发展，它为资源建设指明了方向，对学科资源建设起到了可持续发展的作用。

高校图书馆在改革服务理念，创新学科化服务机制上，对学科化服务的理念、环境、功能和管理等进行不断创新，形成更加灵活并具有主动生长特征的资源建设学科化服务有机体，并积极构建"资源建设采访员—学科馆员—资源荐购教授"三者协作的资源建设学科化服务模式。该模式由统筹、服务和荐购三要素组成。图书馆和资源建设采访员的统筹为基本要素，学科馆员服务为关键要素，资源荐购教授为中心要素。统筹、服务与荐购相互协调，相辅相成，共同推动图书馆学科资源建设的健康发展。

（一）资源建设学科化服务模式的要素

1. 基本要素

高校图书馆和资源建设采访员——基本要素，高校图书馆对整体资源建设

第三章　高校图书馆学科资源与建设

进行必要的统筹与规划，制定资源建设项目主题发展目标，变革资源建设服务机制，对学科资源建设模式中的其他要素进行配置、调控与考核管理。资源建设采访员从资源建设整体结构出发，综合考虑资源荐购教授与学科馆员的荐购信息，适当执行资源荐购教授的荐购指令。采用资源建设服务质量前端控制的原则，调研、核定整个资源建设工作流程，评估资源荐购教授与学科馆员资源建设的工作绩效。

2. 关键要素

学科馆员——关键要素，高校图书馆学科馆员的主要职能之一就是为资源建设提供全程的学科化服务。通常，高校图书馆学科资源荐购教授将所需要的资源直接推荐给本学科的学科馆员，学科馆员根据馆内收藏情况决定是否提交采访部门订购。高校图书馆学科馆员在资源建设学科化服务中的关键不是单单起桥梁和纽带作用，而是要深入学科资源建设系统中，担负全程服务的责任，承担学科资源利用效益的主要责任。资源建设的另一个项目是学科期刊和数据库的建设，学科馆员是指定学科数据库的试用评估人和联络人，但由于期刊和数据库往往涵盖了几个学科，所以学科期刊和数据库的建设往往是由几个学科馆员共同商讨决定。

高校图书馆学科馆员要深入研究相关学科的资源状况，编写学科指南类资料，凭借与各学科资源荐购教授的畅通联系，协同资源荐购教授研究和完善图书馆的学科资源建设体系。学科馆员在模式中的作用：①学科馆员将资源和服务进行有机的整合，并随时进行灵活有序的协调与互动、交流与沟通；②学科馆员的服务对象和服务目的更加明确，服务手段和服务方式更加专业；③学科馆员的个性化服务是有针对性地进行学科资源的搜寻、组织、重组与提供。

3. 中心要素

资源荐购教授——中心要素，高校图书馆资源荐购教授应由学科带头人和学科教授组成。学科馆员资源建设服务的目标就是资源荐购教授群这个"服务中心"或"核心用户"。基于资源荐购教授对本学科的了解和对本专业资源的甄别能力，所荐资源与学科专业设置及科研方向相匹配，能体现本学科的发展动态和专业读者的资源需求，专业性和针对性强，学术价值高，馆藏资源结构更贴近学科结构。能确保学科资源建设的良性发展和实现文献资源利用效益的最大化。

从理想的模式与机制而言,高校图书馆学科馆员的资源建设服务不仅仅是一种服务,而是站在资源荐购教授的角度,从教学和科研的需求出发,以知识服务为手段,构建一个适应资源荐购教授个性化需要的资源建设保障环境。在这个意义上,学科馆员服务就是紧紧围绕资源荐购教授的信息需要,提供全程的个性化服务。

有资源荐购教授与学科馆员参与的学科资源建设,逐渐形成为一条优化的资源建设学科化服务模式,该模式使得高校图书馆服务体系从建设到管理、从服务到效益变得更加完善。

三、高校图书馆资源建设学科化服务内容

(一)学科化服务

高校图书馆学科化服务是以学科馆员的学科分工为基础,以学科资源服务为基本模式,向学科资源荐购教授提供集成的资源建设信息服务。包括提供更具针对性的特色资源信息服务、资源到馆信息服务、读者资源满意度信息服务、资源利用价值信息服务、资源建设评价信息服务等。使资源荐购教授尽可能全面地了解和掌握所需学科信息,以便更有助于参与资源建设工作。

高校图书馆学科馆员的服务结构是一种间接服务模式,即学科馆员通过资源荐购教授来了解对口学科的需求而进行服务的一种模式。学科馆员在对资源荐购教授这个"核心用户"的学科服务中,将提供学科资源利用渠道、推动学科信息交流畅通、创新学科服务品牌作为宗旨,凸显图书馆在资源建设环境中的主动性和开创性,明确提出希望通过沟通来分享彼此的学科教育理念。

(二)知识化服务

高校图书馆的知识服务是资源建设的主要要素和对象,是资源建设的最终目标,是有针对性地解决用户问题的高级阶段的资源服务。知识服务包括定制化的服务结果、多样化的服务过程和个性化的服务行为,是站在用户的角度,为用户量身定做以满足其信息需求的知识。

高校图书馆知识服务贯穿于整个资源活动的始终,通过和用户进行不断的资源及知识的交流,找到合适的解决问题的方案,是一种增值性服务。知识服

务中知识的价值，体现在满足用户的信息需求上，服务价值在于利用这些知识帮助用户实现知识创新。学科馆员在解决实际问题过程中采用多种技术工具，使服务所提供的知识成为一种新的创造，使得服务本身产生价值。

高校图书馆知识化服务就是各种服务得以全面知识化的结果，包括服务形式的知识化，服务功能的知识化和服务需求的知识化。资源建设学科化服务的深度决定了服务需求内涵的知识化和服务产品的知识化。学科馆员有必要将所有知识化服务工作进行集成，建立全面、全程的知识化服务责任制和融洽、规范、互动的知识化服务关系。

（三）个性化服务

个性化服务不仅包括服务形式、服务内容、服务方式上的个性化，而且包括服务理念的更新。在高校图书馆资源建设中，最重要的是以资源荐购教授的学科和兴趣，建立个性化服务管理系统，有针对性地将与需求对应的个性服务嵌入资源荐购教授的信息环境中。特别是根据"用户需要什么，就提供什么"的服务原则，对各学科资源荐购教授群进行个性化分类，以更好地跟踪资源荐购教授的个性化需求。一方面，向资源荐购教授提供全方位一对一的个性化服务；另一方面，在对资源荐购教授进行个性化分类和系统服务的基础上，构建向资源荐购教授群提供一对多的个性化经营服务模式，从而将最具针对性的学科资源信息以最快的速度和最便捷的方式传递给最需要的目标用户。

四、高校图书馆学科资源建设服务保障体系

"高校的图书馆资源建设有利于学校师生的学习，在新的改革发展阶段，就要注重学科化服务的图书馆资源建设，并积极进行优化，提高图书馆资源的利用效率。"[1] 学科资源建设服务保障是高校图书馆创新体系的重要组成部分，是满足各创新系统间资源流动的重要保证，担负着为创新体系各要素及子系统间提供资源保障与支撑的重要任务，对于提高高校图书馆创新体系的整体功能起着至关重要的作用。

高校图书馆通过深入调研读者的需求，重新认识和探讨学科馆员制度在高

---

[1] 李晓婧.试论学科化服务的高校图书馆资源建设优化 [J].课程教育研究，2019，（04）：249.

校图书馆的深入和发展，进行相对统一的制度建设。在资源建设项目上，重点改革服务机制，并从以下方面进行学科化服务体系保障，进而优化资源建设服务模式。

（一）学科馆员的角色定位方面

高校图书馆学科馆员在资源建设服务中的角色：①充当资源荐购教授的整体信息环境的战略顾问；②将资源建设服务纳入自己的服务范畴，融入用户之中为用户提供周到、及时、全方位的服务；③对资源与服务综合利用进行策划、协调与创新管理；④参与多项业务，具有多重身份和角色，是一个综合的多面手。

随着学科化服务的不断深入，高校图书馆学科馆员的角色必将从单纯的提供通用资源服务，转为全面介入图书馆的资源建设；从单纯的知识提供者转为学科化资源建设的服务者与研究者；从单纯的传统服务向新型学科化服务转型。学科馆员的角色转变是其服务空间的拓展。

学科馆员在高校图书馆资源建设服务中的另一重要角色，就是服务与研究资源荐购教授这个直接的协作个体。由于资源荐购教授在协作交流中扮演着教学者、研究者、作者、读者等多重角色，并分别隶属于不同组织，学科馆员应从这几个角度与之协作，研究资源荐购教授在不同环境与文化、不同知识背景，甚至是不同性格下的信息需求特性和习惯，以及诉求信息，并在理解各专业教学目标和方向的基础上使资源建设服务深入下去，形成与资源荐购教授沟通渠道的多样性和合作交流的网络性。基于对资源建设工作目标的贡献，不管是资源荐购教授还是学科馆员都对自己在资源建设中的角色，产生了积极的期望和认同感，营造了良好的资源建设协作氛围。

（二）学科馆员的服务机制方面

高校图书馆学科馆员制度是一种服务方式的变革，是对用户需求和找寻服务的积极反映，是高校图书馆根据馆员的专业知识背景和实际能力，主动为对口院系开展全方位资源服务的一种学科化服务模式。学科馆员制度在过去的几年里已经发生了深刻的变化，高校图书馆应在变化着的环境及用户需求中不断深化和拓展服务机制，提升服务能力，从学科馆员制度本身进行建设、实践与优化。

学科馆员面向一线的服务机制，使图书馆与各院系间在资源建设中的沟通与交流变得经常性和无障碍性。这种一对一、面对面的交流与互动，增强了资源建设信息传递的精确性，保证了资源荐购教授兼做资源建设工作的时间和精力，提升了图书馆文献资源建设与管理的境界，实现了馆藏发展的最优控制，优化了资源建设的内容。

高校图书馆学科馆员的服务机制创新表现为：学科馆员的服务领域进一步深入和拓宽；服务层次进一步提高；服务形式由普遍性服务走向个性化服务；服务范围由全学科服务转变为单学科专题服务；服务地点是用户的一切空间；服务逻辑是用户需要什么，学科馆员就提供什么；服务理念是"融入一线，嵌入过程"，面向用户问题的解决提供方案和对策，深入用户的知识需求的解决过程之中，与用户互动协作，进行知识捕获、分析、重组和应用；服务内容是图书馆与院系各学科的沟通联络，协调解决本学科所有相关的资源服务问题。

（三）学科馆员的体制创新方面

创新是当前和今后一段时间内学科馆员学科化服务的主线，随着学科服务的深化，高校图书馆将资源建设列为学科馆员的重点工作之一，并实行企业客户经理式的经营服务机制，即采取承包系院、融入一体、服务一线，为师生提供随时随地服务。通过责任绑定、服务绑定、创新绑定、考核绑定，使学科馆员成为服务学科化的第一责任人。

高校图书馆学科馆员必须履行全责，要对服务的过程和效果负责。努力树立学科馆员参与资源建设的品牌，利用多种形式推销自己、推销资源。宣传推广学科化资源建设服务的新理念，逐步让各个院系的资源荐购形成"一切信息问学科馆员"的共识。宣传自己作为学科馆员对资源荐购教授群体的作用，让资源荐购教授知道学科馆员越多，学科馆员服务的对象就可能越多，利用学科馆员的机会就越多。在广泛地知道学科馆员的前提下，资源荐购教授有需求，才会首先想到学科馆员，将利用学科馆员的帮助作为一种习惯和常态。

高校图书馆资源建设作为学科馆员的重要职责之一，细化了学科馆员的资源建设工作内容，职责变得更加明确。学科馆员制度代表了图书馆由"资源主导型"转向"服务主导型"的发展方向，从学科馆员的职责内容上体现变被动服务为主动服务的特点。

（四）学科馆员的团队建设方面

学科馆员的队伍建设，是保障学科资源建设可持续发展的关键。由于学科馆员这一职位的特殊性，要求学科馆员必须全面掌握图书馆的各种知识和规定，熟练掌握对口学科的信息资源状况。教学能力，公关能力，语言表达能力和信息技术都是学科馆员不可缺少的基本技能。学科馆员的协调工作对学科化服务的成效至关重要。学科馆员之间应密切配合，相互支持，协同工作，共同为一线的用户服务，为一线用户服务的效果负责。

在学科馆员的团队建设方面，应进行创造性的探索。要求学科馆员团队具备：①完整的知识结构，丰富的资源建设经验；②敏锐的信息意识、较强的信息获取及组织能力；③熟悉馆藏模式结构和资源利用手段；④满足用户深层次需求，能充分发挥本身的特长优势；⑤创立自身的服务品牌；⑥加强与资源荐购教授面对面交流与服务；⑦定期对资源荐购教授进行资源建设项目的集中培训，以不断提高其资源建设的专业能力和工作效率。从用户层面上，要求资源荐购教授有足够的资源需求意识；⑧资源荐购教授队伍也作为学科馆员团队建设的条件之一。要求学科馆员与资源荐购教授建立个人友谊，以其所建立的个人联系数量作为业绩指标之一，并建立专门资源荐购教授档案库，以作为资源建设合作的基础资料。学科馆员制度应作为图书馆协调资源荐购教授参与资源建设工作的长效机制。

第三节　面向泛学科化服务的高校图书馆资源建设

在推进学科化服务的过程中，高校图书馆原来的资源组织方式和内容已经不能满足学科化服务的要求，所以，建立泛学科化服务的高校图书馆变得越来越重要。有目的地将图书馆资源建设同学科化服务相融合，建立资源与服务之间的联系，然后优化内部资源，使得资源的供和需更加契合，同时提高图书馆的服务水平。

泛学科化服务的基本目标就是建立以用户为需求的学科资源和学科服务体系，使用户能够获得所需要的信息和资源，使图书馆的服务更加到位，让图书馆成为师生和学者获取信息的重要来源，最终提升用户的满意度。泛学科化服务使得馆员能够最大程度地发挥自身的潜力和知识储备，让图书馆的系统从图书馆端系统转换为基于用户端的系统，使信息资源能够服务于用户，缩短资源和用户之间的距离。

一、泛学科化服务的特征
（一）泛学科化服务的普遍性

泛学科化服务的首要特点就是普遍性，即服务内容和服务形式具有普遍性。学科馆员要根据用户的不同采用不同的服务形式。对刚进入高校的学生和刚刚涉及科研的学生要根据其需求，从学科基础性内容出发，有针对性地为此类学生服务。另外，图书馆工作人员要重视加强与用户的交流和沟通，开展培训和讲座，进行课题服务，使学生获取需要的信息，提升自我科研创新能力。对更高水平的学科专业人员以及科研项目人员应当给予更深入的服务，学科馆员进入科研一线，随时随地为科研人员提供课题情报和研究热点等服务。

（二）泛学科化服务的需求导向性

泛学科化服务应当以用户的需求为导向，尽可能提供开放式服务。高校图书馆在开展泛学科化服务时，应当根据用户的需求，同时要对高校内的专业设置、科研项目有考量，再同图书馆内部的实际发展情况相结合，例如图书馆工作人员的专业水平以及知识结构和擅长科目等，建立基于用户个性化需求的半开放式的学科服务，代替以图书馆资源为依据的服务。

（三）泛学科化服务的积极主动性

泛学科化服务具有一定的主动性，学科馆员不能只是等待有人提出需求时才提供服务，而应当主动推送，主动了解不同人员的需求，坚持提供长久服务，建立长期的良好关系。高校图书馆的学科馆员不能只待在图书馆内，要主动走出去，融入科研教学中，深入科研团队内部，随时随地提供服务，并且与院系师生建立良好的关系，进入课堂，为师生提供一些解决问题的策略，而不仅仅是为用户检索获取信息。另外，学科馆员还应当适时掌握学科的发展动态，增加自身对信息的敏感度，以期为用户不同时期的不同需求提供更具针对性的服务。

二、泛学科化服务与学科资源建设结合的机制

第一，优化资源建设。随着外部环境的不断变迁，高校图书馆的角色定位已发生显著转变，由原先单一的资源提供者逐渐演变为以用户需求为中心的综合服务提供者。这一转变的核心在于，图书馆的服务内容和方式需更加紧密地贴合读者的实际需求，以读者需求为驱动的资源建设模式，现已成为推动高校图书馆持续发展的必然路径。因此，我们应致力于优化资源建设，以学科化资源为核心，构建高效且系统化的高校图书馆服务体系。在此过程中，务必坚持以用户需求为导向，确保所提供的服务更为精准且专业。当前，学科化资源建设在学科教研活动中具有举足轻重的地位，它不仅是确保学科教研活动顺利进行的关键组织模式，更对推动学科知识的创新与发展发挥着至关重要的作用。因此，我们必须将泛学科化服务与学科资源建设紧密结合，以全面提升高校图书馆的服务质量和学科教研水平，进而为广大师生提供更加优质、高效的服务。

第二，以学科为导向，优化馆藏结构和馆藏高校的发展和评估都是根据学科开展的，学资源科建设为学校工作的开展提供了支撑。高校图书馆的建设要以学校的整体发展为目标，同时，图书馆的资源建设要为本校师生服务，先前以文献为主要内容的资源建设方式已经不能满足高等教育的现代化发展要求。高校图书馆建设应当面向学科发展，将经费科学合理地分配，使得重点学科和普通学科的资源建设都可以得到发展，这样能够提高图书馆的建设质量，使图书馆内容更加丰富，还可以为资源建设提供支撑。

第三，建立资源建设和学科服务协同发展的机制。泛学科化服务中的服务内容包含学科参考咨询和用户信息素养培养等，这些服务内容都是根据图书馆内的资源来开展的，图书馆内的资源是开展学科化服务的基础，学科化服务是对图书馆内资源的高效利用，只有科学地开展图书馆内的资源建设工作，才能保证信息服务工作的持续开展。因此，高校图书馆面向学科化的资源建设应当充分考虑多方面的需求，发挥学科馆员的主导者地位，并且充分发挥采访馆员和荐购读者在资源建设中的作用，以提升学科化服务水平，为学者提供更加有价值的文献资源和服务，使得图书馆资源建设和学科服务能够协调发展。

三、高校图书馆资源泛学科化服务建设

（一）整合馆藏，了解读者需求

读者的需求是学科化服务开展的依据，高校图书馆资源建设也应当了解读者的需求，根据学校的院校科目设置以及重点教学和科研项目，了解读者对文献的需求，通过调研记录和统计分析，做好图书馆内资源的摸底情况和读者的需求调查，为资源建设提供参考。一方面，通过问卷调查了解用户需求，做好文献借阅统计，对馆藏的文献资源借阅情况以及资源的结构分布有一个了解，深入了解不同类型读者的阅读兴趣和阅读需求；另一方面，要对图书馆内的资源以及学科化资源的分布有一个总体的把握，避免资源的重复或者资源短缺，做好对图书馆内部情况的摸底。通过摸底用户需求以及对自身资源的摸底，为高校图书馆的资源建设提供依据和方向指导。

（二）制定科学合理的资源建设采访机制

高校图书馆的预算方案受到采访机制的制约，高效率、高质量的图书馆信息资源采访机制为提高高校图书馆馆藏质量提供了支撑。采访机制的主要建设内容包括以下几个方面：

第一，采集本校的具体专业设置和分配，教学和科研基本进度及成果，高校和各分院的发展规划，完成本校的基础信息收集与分析。

第二，根据高校的发展需要，对比国内外出版信息为预算方案提供决策依据，实现图书馆资金利用的最优化。

第三，建立多种方式结合的图书采购方式，以图书现采为主，辅助书商馆配和师生推荐的综合手段开展图书采购工作。从而建立起科学合理、全面系统的图书馆信息资源采访机制，保障图书馆信息资源采访的标准并完成相应的任务，为不断提高馆藏质量打好制度基础。

（三）加强学科资源宣传与反馈

高校图书馆资源建设是为了使文献资源得以利用且作用得到发挥，加强学科资源宣传能够让读者了解图书馆内的资源。图书馆内每年都会增加大量的新书，学科馆员应当主动向读者宣传学科专业文献，选择高效的推广方法，并且在服务和实践中摸索资源建设的有效方法。

面向泛学科化服务的高校图书馆资源建设过程中不仅要了解读者的需求，

还应当了解读者的反馈。通过反馈还可以获悉读者对图书馆内资源的认知情况，从而推断出资源建设的宣传成效。通过问卷调查，了解读者对图书馆内资源建设以及学科化服务不满意的地方有哪些，并且收集整改意见，从而为图书馆的资源建设和服务方向提供依据。建设完善的评价反馈体系后，还应当深入追踪服务，将主动服务和动态反馈相结合，持续调整图书馆资源建设方案，优化高校图书馆资源建设和服务，使得高校图书馆学科化服务更加符合读者的需求。

总之，泛学科化服务模式是当下高校图书馆建设的新模式。泛学科化服务模式能够适应读者的需求，为读者提供更加具有针对性的服务，也能够将服务延伸到用户所在的任何地方。我们相信，面向泛学科化服务的高校图书馆资源建设能够使高校图书馆作为信息交流中心的价值发挥得更到位。

第四章
高校图书馆资源建设的创新与策略

第一节 全媒体时代高校图书馆资源建设

随着社会进程稳步化、科学化发展，高校图书馆的发展也逐步进入到一个新时代——全媒体时代，高校图书馆面临着转型，需要积极地从实体化转变为数字化，以此才能更好地适应现阶段新时期的基本需要。在高校数字图书馆日益普及的今天，资源的整合已成必然趋势，全媒体时代必须要采取科学化的手段，让高校图书馆资源建设符合多元化需求，更好地推进当前高校图书馆的长远进步。全媒体时代背景下，图书馆的资源建设彰显出更为明显的优势，凸显出十分理想的灵活性，借助于数字化和多元化的服务模式，让多种资源进行科学化的整合，满足高校学生的服务以及资源需要。正是全媒体时代的发展，让高校图书资源建设获取了理想的路径，体现出高校图书馆的积极服务功能，有助于国家相关事业的发展。

一、全媒体的时代特征

在新的时代背景之下，所谓的全媒体就是信息化交流沟通的最大综合体。全媒体相比于其他的媒体形式，其彰显出最为显著的特点，那便是广而全，也就是面对大众提供的服务呈现出相对细致的特色。同一种信息的传播方式，借助于全媒体平台能够彰显出不同的方式，在高校的图书馆中，可以依据不同客户调整个性化宣传的方案。全媒体并非单纯的广而全，更是依据客户的实际需要和当前的经济环境进行科学的宣传与引导。全媒体与跨媒体也存在着不同之处，全媒体主要是对媒体的综合应用通过经济化和长远的眼光加以分析。全媒体应该符合资金少和传播效果理想等基本的要求。

全媒体彰显出以下三个基本特征：

第一，全媒体载体丰富性，其在宣传手段上彰显出富有特色的多种载体，可以更好地凸显出全媒体时代的发展趋势。

第二，传播以及发行技术的全面性，全媒体和新时代互联网技术相互结合，同时也与流媒体技术密切地融入一起，真正地凸显出了各方的优势之处。

第三，全媒体的多样性，全媒体拥有着多样性的特点，可以满足听觉以及触觉等多方的需求，借助于各种渠道的互相作用，使得人们对于不同空间的注意力得以提升。全媒体属于新时代的重要产物，其相应的信息载体和技术体现出动态化特点，也可以将这一动态化的特征视作其富有内涵的特色。

二、全媒体时代给高校图书馆带来的影响

全媒体时代是21世纪富有代表性的趋势，在这样的背景之下，高校图书馆资源建设工作应该积极地融入新的思想和战略方针，结合着当前多元化的实际，需要运用科学的方案推进相关的工作，确保高校图书馆的资源建设真正地满足实际的多方需求。

（一）转变了读者的阅读方式

在新的时代背景下，图书馆面临着极为严峻的挑战，需要积极地利用数字化的平台，让多种资源实现有效的整合，满足当前不同主体的实际需要。纸质文献逐渐地向着信息化的模式加以转移，呈现出更为繁多的形式，大众阅读资源管理也开始呈现出明显变化。图书馆面对着全媒体时代的到来，除了收到更多的机遇之外，也面临着巨大的考验，主要在于图书馆的服务范围得到了有效的拓展，呈现出更为广泛的服务模式。高校师生及全社会群体在信息获取方式上呈现出多样化的形式，人们开始运用网络渠道在足不出户的情况之下获取相对丰富的资源信息。移动设备的逐步更新和功能的适当优化，使得人们依赖于多样化的平台和设备，开始追求更为极致的享受。信息化已成必然的趋势，图书馆除了要积极地利用现代化手段之外，还应该注重自身服务模式的完善。

（二）数字化人才的实际需求明显

全媒体时代背景下，高校图书馆的资源和相应的服务方式实现了更为理

想的转变，读者可以获取更加新颖的感受。科学技术的飞速发展，让图书馆服务效率明显地提高，相应的管理人员在素质和能力方面也面临着极为严格的要求。管理人员在传统的服务模式之中习惯于对纸质文献进行管理，因此难以保证相应的信息素养，很多的高校图书馆为了节省相应的成本。委任教师甚至学生肩负图书馆的管理工作，以至于相应的工作成效并不尽如人意。图书馆管理人员并不是专业人员，这对于全媒体时代，高校图书馆的长远发展产生了一定的阻碍。因此面对当前高校图书馆构建的实际需求，需要积极地重视数字化人才的合理引进，这是当前高校图书馆资源建设工作中极为重要的任务，也是推动国家相关事业稳步发展的必要条件。

三、全媒体时代高校图书馆资源建设存在的问题

高校图书馆的新媒体服务是一种全新的服务方式，在应用过程中虽然高校图书馆的工作人员有着认真负责的工作态度和标准的工作规范，但在新媒体服务的管理和工作中仍然存在着一些需要解决的矛盾。

（一）服务特色化问题

随着我国社会的不断发展，信息技术和网络技术在各个方面得到了广泛的应用，高校图书馆的阅读服务也得到了较为广泛的普及，信息技术的应用和网络技术的广泛使用，高校图书馆所提供的服务内容以及它的服务形势也发生了翻天覆地的变化，同时比传统图书馆有了更大的优势。在传统的图书馆服务中，因为没有技术的支持，所以很难进行大面积的信息沟通和交流，读者在获得信息和交流信息时还存在着一定的障碍，而随着新媒体服务技术在高校图书馆中的应用，使图书馆与读者有着更紧密的联系。同时读者的借阅方式也变得更加高效，通过新媒体技术，借阅方式变得更加方便和快捷，从而使读者在进行图书馆使用时可以最大限度地冲破空间上的障碍，可以随时接收到其所提供的最新信息，也可以提供信息咨询服务，为读者提供全面的信息咨询。

新媒体技术可以涵盖大量的信息资源，这为高校图书馆的创新发展提供了保障，使高校图书馆更加具有吸引力，但在新媒体服务的实际应用过程中因为高校图书馆缺乏先进的信息技术和信息设备，导致在提供媒体服务时存在着较大的问题。因此高校图书馆在对新媒体服务进行探索时，要对媒体服务的特色

性问题进行研究，重视媒体服务的特色性，确保读者在信息需求的过程中可以得到最大程度的满足。

（二）知识产权问题

随着高校图书馆传播信息的途径越来越广泛，图书馆进行服务的载体也越来越多样，服务载体逐渐呈现多媒体化，在信息传播和交流过程中也存在着网络化。在高校图书馆服务向线上虚拟空间发展的过程中，对知识产权的保护也需要更加完善和规范，通过对知识产权的保护来确保信息资源可以得到有效的利用。因此高校图书馆在新媒体服务不断深化的前提下，如何在遵纪守法的基础上提高高校图书馆资源的利用效率，使高校图书馆资源发挥最大的作用，是高校图书馆需要重点考虑的问题。

如今，社会趋势的影响，读者对线上信息的需求量加大，这就需要高校图书馆对知识产权问题加以重视，通过对知识产权的管理来确保读者接收到的信息可以更加全面和高效，使读者可以得到及时高效的信息，了解社会发展的趋势。在新媒体服务过程中也需要对媒体资源进行整合，通过将媒体资源进行有效的整合来进行信息、资源的传递。同时在新媒体服务过程中也要对读者的个性化需求进行重点的探索，通过对读者的个性化需求进行满足，以此为基础来确保每一位读者在高校图书馆都可以得到充分的阅读信息资源，使高校图书馆的服务水平上升到一个新的台阶，同时在高校图书馆服务过程中要结合社会发展的趋势，来对服务方式进行创新，确保高校图书馆新媒体信息的服务可以更加有效。

四、全媒体时代高校图书馆资源建设的有效路径

（一）加大数字资源构建力度

高校图书馆资源建设应重视可靠方案，灵活运用具体思路解决实际的问题。全媒体时代让高校图书馆资源建设融入了先进的路径，为用户提供了各项服务，同时可以满足不同主体的实际需要，借助于互联网平台完成数字化的资源建设目标，让高校图书馆真正彰显出实际的利用价值。在新的时期，相关人员对于数字化的文献和多种网络展开深入的挖掘及分析，让信息链条趋向完善。信息除了要涵盖着网络上直接获取的资源之外，还应该包括不同专业领域

的研究数据，针对读者和校内的师生及科研人员，其属于最为重要的信息，也是开展各项工作的前提。信息化平台的可视化优势明显通过视频形式的资源展示，使得专家讲座和视频课件等有效地传播到更为广阔的区域，真正凸显出有效的利用价值，满足不同读者群体的实际阅读需求。

（二）加强图书馆馆员技能培训

在图书馆稳步发展的进程中，应该积极地重视内部管理和服务工作的实践要求，这并不是任何人都可以从事的简单工作，体现出专业性。因此，在高校图书馆稳步发展的进程中，应该重视全媒体时代的特色，对于相关的人员必须要做好科学的培训与指导，让其主动地承担起相应的职务。高校图书馆的读者群体呈现出多元化的特征，因此管理人员也需要注重专业性，不可以出现身兼多职的情况，还应该具备专业素养和服务技能，才能更好地推进具体的工作进程。校方应该进一步构建专业化的人员团队，借助于科学化的系统选拔方案，让相关的人员对应具体的岗位。只有稳步提高内部人员队伍的专业素养水平，才可以让图书馆内部工作的专业性更加明显，满足读者的实际阅读需要。落实好馆内管理，结合相应的规章制度采取实际的行动，保证各项工作规范化开展，维护各方主体的基本利益。应该让责任和相关人员的利益结合起来，实现有效的绩效考核，确保高校图书馆工作开展得顺畅，实现资源建设的具体目标。

（三）搭建全面且完善的信息网络

信息网络的逐步普及成了当前富有特色的趋势，也是图书馆工作的基本内容。全媒体时代，图书馆的服务范围得到了有效的拓展，在行业竞争中彰显出优势之处，面对激烈的市场得以有效的生存。因此，要积极重视创新技术的合理融入，以此让图书馆内部工作涉及的技术更加明确与合理。结合当前大量文献的无纸化需求，需要对图书馆内部工作的技术进一步明确，在当前的情况分析之下，图书馆内部的信息网络技术重点涵盖了信息安全技术和数据技术，前者重点是维护信息的安全，后者主要是对多种信息资源合理地收集与整合。为确保信息资源的基本处理成果和实际的效率，应该构建起较为可靠的网络体系，尽可能地完成图书馆资源共享目的，使得服务质量明显提高。

总而言之，全媒体时代实现了多种媒体的相互交融和影响，在这样的背景之下，高校图书馆资源建设也面临着严峻的考验和形势。需要正视现阶段存在的主要问题，采取科学化的路径，依照广大读者和群体的实际需求，积极地利用可靠的方案，保证信息化资源建设成为可能，让全媒体时代高校图书馆资源构建成果更加理想。

第二节 读者需求导向下高校图书馆资源建设

图书馆是社会发展需要的产物，这种社会需要的具体表现就是读者需求，图书馆就是以读者为对象的存在物。没有读者的需求就不可能有图书馆的生存和发展。我们研究读者需求，有利于图书馆工作人员业务水平和自身能力的提高，完善和发展图书馆的各项职能，从而促进图书馆事业的发展。

一、读者需求概述

（一）读者需求的概念理解

读者需求是指读者对适用图书文献的寻求过程。它以读者的阅读目的为出发点，以其适用文献的取得为结果。此过程体现了读者与文献之间的关系，属于阅读行为的前期活动。取得适用图书文献的过程就是满足读者需求的过程。

从广义上讲，读者需求是图书馆读者对图书馆资源的需求。图书馆资源包括三类：①精神资源，即记载人类精神生活结晶的书刊文献资源和以简洁文字著录这些书刊内容的目录资源。②物质资源，即图书馆的建筑设施、设备等。③人力资源，即图书馆的工作人员。很明显，读者不仅需要图书馆为他们提供精神食粮，也需要图书馆提供优雅、安静的阅读环境和先进的服务设备，同时，还要求图书馆工作人员的热情周到的服务。这三方面是相互联系的。

从狭义上讲，读者需求就是对书刊文献资源的需求。所以，读者需求其实就是读者通过阅读活动，从文献中获取知识和信息，并由此产生对文献的研究和利用。读者需求总是以自身的某一种具体需要为起点，并体现在阅读内容、阅读行为和阅读效果之中。其表现是阅读内容依照需要进行选择，阅读行为按照需要加以控制和调节，阅读效果针对需要作出评价，阅读活动满足需要继而更加深化。读者需求不仅是个人的某种需求，也是社会需求的表现。因此，不断变化、复杂多样的特点贯穿于读者需求的始终。所以图书馆工作应对此给予极大的关注和满足。

（二）读者需求的意义

第一，读者需求是图书馆赖以生存和发展的基础。随着社会、政治、经济、文化的发展，人们需要一个传播科学文化知识、保存人类精神财富、传递信息情报的文化机构的存在，用来适应各方面的发展。这便是我们所说的社会需求。这种需求具体体现为读者的需求，随着这种需求的不断增加而更新变化。因此，作为满足这种需求的图书馆来说，其内部机构、服务方式等都要相应变革。读者需求与满足这一需求的图书馆资源和服务工作相互矛盾的运动，便推动了图书馆的向前发展。随着科学技术的飞速发展，图书文献的大量增长，社会的发展需求又赋予了图书馆参与情报传递的社会职能。而现代化的电子计算机、缩微技术、视听技术的应用则是更好地满足这一需求而在服务方式上的变革。在信息时代，读者需求又出现新的变化，使传统手工式服务的图书馆逐渐向现代化网络图书馆、虚拟图书馆转变。

第二，最大限度地满足读者需求是图书馆工作的核心。图书馆的内部机构设置、藏书的最佳布局、藏书体系的形成、读者服务方式的确立等都是围绕读者需求这一目的展开的。例如，图书馆的文献服务、情报服务、技术服务等，其存在的目的就是为了满足读者对书刊文献的借阅需求、情报信息需求和特种技术需求。

第三，研究读者需求，摸清读者需求规律是有效地针对服务、区分服务的前提。掌握各类读者需求的特点就能最大限度地避免工作中的盲目性，有针对性地采取相应服务方式，从而提高服务效率，达到好的服务效果。但同时，一个图书馆的有限服务又很难满足读者的所有需求。这是图书馆矛盾的普遍性。但区分各类读者需求的主次，分清哪些应该重点服务、哪些应该急需服务、哪些应该一般服务，是化解矛盾的一个重要途径。比如图书馆的采购部门可根据不同读者需求和本馆任务，适时有效地选择采购文献，建立最佳的藏书体系；服务部门针对读者需求，可采取灵活有效的服务方式；领导部门可根据图书馆读者需求的结构层次，针对性地制定出工作部署和工作计划等。

第四，对读者需求的满足程度是衡量图书馆工作效率的重要指标。图书馆对读者需求的满足程度如何，不仅说明图书馆的服务工作是否有效，同时也说明图书馆的藏书结构是否与读者需求相符合。因为有效的服务要以合理的藏书结构为基础。它既涉及图书馆各服务部门的服务流程，也与图书馆领导部门的决策有关。一般情况下全面衡量图书馆的工作效果，对读者需求的满足程度进行的定量分析主要是通过拒借率的统计。在分析时还要与读者需求状况即藏书流通率、读者到馆率、图书周转率等结合起来研究，找出其症结所在，从而更好地提高服务效果。

（三）读者阅读需求的常见类型

读者在阅读活动中表现出来的兴趣和需求是多种多样的。从不同的角度和标准出发，会看到各不相同的读者需求类型。各种类型的图书馆要根据各自的性质、规模和任务，认真分析读者需求的类型和特点，以便更好地为读者提供服务。读者阅读需求大体可以总结为如下几种类型。

1. 社会型读者需求

社会型读者需求，简单来说就是大家都在阅读类型相近的书刊文献。它明显地展示出时代特征和发展潮流的需要，此类读者需求不是个别的现象和主观因素造成的，而是社会需求和客观发展的趋势所迫。例如，当国家政策转变、社会转型的初期、某一新技术的普及应用等时期，许多不同职业、不同文化程度、不同兴趣爱好的读者群，会不约而同地阅读有关的书刊文献，成为社会上的阅读热点。这说明读者的阅读需求从一个方面反映了社会政治、经济和文化状况，具有时代发展的特点。社会的政治、经济、文化诸因素会给读者阅读需求不断施加影响，甚至在阅读文献的版本、内容，需求的强弱程度以及趋势等方面都会起着巨大的作用。这种社会型的读者需求呈现出的突出特点，就是读者在一个阶段对文献需求的数量较大，读者阅读的时间相对集中，使得某些文献数量暂时紧张，成为众多读者的阅读中心。

随着时间的推移，社会潮流的变化，社会型读者需求也会随之发生转变，有的会从短暂的阅读需求变为持久的阅读需求，有的会发生转移，形成新的阅读需求。面对这种社会型读者需求，图书馆工作者要用敏锐的观察和科学的态度认真对待，要经常关心国内外发生的大事和社会发展的趋势，同时要分析这种读者需求的性质、规模、强度以及时间的长短,掌握读者需求的发展方向,使读者的长久需要与现实需求充分地结合在一起。与此同时,应做好图书馆藏书的调配工作,加强图书的宣传,促进图书的流通,满足大量的社会型读者的阅读需求。

2. 专业型读者需求

专业型读者需求是指从事学习、工作、研究等专业活动的读者所提出的文献需求。这种阅读需求经常与读者自身的业务工作、专业学习和研究活动紧密联系。研究活动的开展确定了专业需求的范围、内容和要点。一旦满足了专业读者的需求,则使得读者在专业知识技能和解决具体问题的能力上有所提高,又会推动专业实践活动的进一步深入发展。由于专业型读者需求与其从事的专业实践在内容、目的、范围、时间上有一致性,因而体现出明显的职业特征,这种需求是为了解决面临的实际工作任务和难点,表现为具体实际的问题。其需求的特点是专业性、资料性、咨询性。他们的阅读目的明确,干哪种工作,就阅读哪类文献,以求提高自己的专业知识和专业技能。因此,在阅读活动中,各种行业、职业、工种的读者,按照自身业务要求,其阅读需求和阅读倾向比较固定,对文献内容的要求具有针对性。相同行业、职业、工种的读者,其专业阅读需求的指向差别不大,但由于年龄、文化、知识结构和素质的不同,就会在文献利用的侧重点以及深度与广度上存在差异。一般来说,从事较为复杂的专业工作的读者具有专业阅读需求,而且需求的范围比较广、专业性强、水平较高、持久稳定。研究专业型读者需求的共性和个性特点,有利于更具针对性地做好读者服务工作。

3. 研究型读者需求

研究型读者需求是指为了解决某一研究课题,完成所担负的具体研究任务而产生的阅读需求。具有研究型需求的读者往往是围绕研究内容组织和开展阅读活动,以便了解课题的研究动向,掌握课题的研究水平。因此,这种读者需求所涉及的阅读范围具有长期的指向性和专业性,体现出较强任务规定性的特点。读者在研究课题的几个阶段中,根据不同的进展情况,提出对文献内容的范围和要求。任何承担了科研课题的读者,受研究任务的制约都会表现出积极的研究型阅读需求。如在科研项目选题阶段,读者通过查阅文献,了解某一领域哪些研究课题具有现实意义且有待深入发掘；在调研阶段，通过普查文献，了解本课题的研究成果及动向，从中筛选可供参考的资料、数据、事例和方法，以启迪思路，开阔眼界、形成新的认识等。研究型读者需求还具有较强的自发性特点。

　　总之，研究型读者需求是将阅读活动与创造性活动紧密结合的阅读需求。在有着较高文化素质和研究能力的知识分子读者群中，这种阅读需求比较普遍。研究型读者需求对文献有着一定的要求，其特点是具有全面系统、准确具体、新颖及时和针对性强等。但由于这些读者在能力上存在差别，导致读者在文献利用上有所不同。因此，对于研究型读者的需求，图书馆工作人员要采取不同的方式，不懈地搜集、加工、整理和提供有关文献，为读者提供重点服务，不断满足这类读者的研究需要。

　　4. 业余型读者需求

　　有许多读者在工作、学习之余，从个人的兴趣和爱好出发，自发地产生的一种阅读需求，这种需求称为业余型读者需求。业余型需求与读者的工作和学习一般没有直接的联系，它受自己个性心理因素的影响比较明显，反映了个人的爱好倾向及心理特征。与其他类型的读者需求相比，业余型读者需求是最为常见的读者需求，几乎所有读者都有这种阅读需求。如在人们遇到衣食住行方面的问题时，当人们想养身防病、锻炼保健、旅游、购物、化妆美容、适应社会、增长知识等时，都表现出这种需求。尽管这些是个人兴趣的表现，但受读者文化程度及素质品质的制约，以及社会、家庭、职业等多种因素的影响，业余型读者需求也会存在很大的不同，有些阅读需求成为读者个人发展方向的重要指导。因此，图书馆要善于发现和引导读者健康的业余需求，培养读者对科学技术、文学艺术的浓厚兴趣，陶冶情操，开阔视野，使读者的阅读活动得以健康、有效地实现。

　　通过对上述各种类型读者需求的分析，我们可以找出他们之间的共性和个性的特征。社会型读者需求和业余型读者需求，具有较广泛的社会性和读者服务的共性特征。而专业型和研究型读者需求，则具有读者需求的个性特征，这也是我们在读者服务中的工作重点。衡量一个图书馆的工作、文献收藏质量、工作人员素质水平、工作效率和服务能力的高低，就看它对重点课题、重点项目、重点读者的专业型和研究型读者需求的满足程度、服务速度和服务效果的层次好坏。我们研究和掌握了读者需求的主要特征，就可以对读者进行充分服务和区分服务。

二、高校图书馆读者需求的特点

高校图书馆的主要服务对象是学生读者和教师读者。这两类读者具有各自不同的特点，因此对图书馆的需求也有明显的差别。

（一）大学生读者需求

大学生读者是高校图书馆中最为主要的读者群体，分析他们的需求特点，满足他们的阅读需求，是高校图书馆读者工作的重要任务。

大学生读者对文献需求有如下特点：

第一，对教学用书的需求有稳定性、集中性和阶段性的特点。由于专业的设置和教学计划的安排以及课程开设、教学内容体系等限制规定了教学用书的基本范畴，使得教学用书在大学生读者当中具有相当的稳定性。教学用书的集中性表现为使用的种类和复本集中、读者数量集中和利用时间集中。在大学教学过程的各个阶段，教学用书呈现出周期性循环往复的使用状态，有较强的阶段性规律特征。

第二，阅读活动与所学专业和将来的职业工作相联系。大学生读者的阅读兴趣、阅读目的等在很大程度上受到未来工作需要的指导和影响。因而，他们比较倾向于专业文献的阅读，以及与专业相关的一些学科文献的阅读，渴望获得更多的专业知识。

第三，大学生读者思想活跃，对新鲜事物和精神文化生活有较高兴趣，他们的阅读需求高于其他读者。在结合教学内容阅读文献之外，大学生读者根据个人爱好，还会阅读许多的课外读物，涉及面非常广泛，不仅仅是专业书籍、教材和教学参考书，还会有选择地阅读文学艺术、哲学法律、体育文化等方面的书籍。无论是社会环境还是个人主观愿望，都在激励大学生读者多学知识多读书，从中寻找他们需要的内容，以充实他们的生活，提高自己的文化素质、学习能力、研究能力。因此，他们的阅读热情、态度、目的都表现出强烈的求知欲望。

针对大学生读者的阅读需求特点，图书馆应科学地安排教学用书的借阅工作，充分利用图书馆馆藏的文献资源，为大学生读者提供满意的服务。

（二）教师读者需求

高等学校图书馆中的教师读者是重点服务对象，这是由于他们在高校所承担的任务决定的。教师读者从年龄结构上，可以区分为老年、中年、青年教师三个层次。他们在利用图书馆的过程当中，表现出的文献需求特点也有不同。

老年教师多年从事高校的教学和科研工作，他们有丰富的经验，是学校里教学科研的主导力量。他们主要负责著述立说，带研究生，培养高级人才的任务；同时，也承担了一些重要科研项目。老年教师经过多年积累，个人的专业藏书比较丰富，他们对图书馆文献资料的利用，主要是查找一些有关的最新研究动态、外文资料及历史文献等。对于这些老年教师所需的文献资料，图书馆的工作人员有义务协助查找，以便使他们将宝贵的时间用于科学研究和人才的培养上。

中年教师年富力强，处于教学和科研的第一线，是高校当中教学科研的骨干力量。他们有着扎实的专业知识，有丰富的教学经验和较高的学术水平。面对着繁重的教学科研任务、频繁的学术活动，以及自身需要的知识更新与学习提高的压力，往往需要查阅大量的文献资料。他们在文献的选择上，通常是利用图书馆的目录和各种检索工具查找文献，并习惯于自己查找，但也希望图书馆工作人员帮助查找。其对文献资料的内容范围主要集中在与本学科和专业有关的书刊文献。他们还希望工作人员提供更高层次的二次文献和三次文献，以便了解国内外的学术动态。

青年教师思想活跃、精力充沛，是高等学校教学和科研工作的新生力量。他们走上教学岗位不久，大多数担任教学辅导工作，同时也在不断积累和提高自己的基础知识、专业素质、教学经验的能力。他们学习勤奋，工作热情高，对利用图书馆有很高的积极性。具有来图书馆的次数频繁且时间上较多，涉及文献的内容广泛且借阅量大等特点，图书馆工作人员应针对青年教师的阅读需求特点，以多种形式的服务，满足读者的需求。

三、读者需求导向下的高校图书馆文献资源建设策略

就我国社会当前的实际发展状况来看,社会整体的信息化程度是越来越高的,这对于图书馆的工作来说,会相应地产生一定的影响。高校图书馆当中的文献资源类型是比较多样化的,但是传统的文献资源管理方式已经难以契合社会当前的发展需要。为了使馆藏资源得到更大化的利用,高校图书馆必须要从读者的需求出发,来进行文献资源建设,建立起为读者服务的文献信息资源体系,针对当前文献资源建设过程当中所出现的问题,采取更具针对性的措施,根据读者的实际需求,相应地提升图书馆的读者教育功能,进而构建起一个更适合读者需求的文献资源馆藏体系。

(一)适应专业特点,形成馆藏特色

对于高校图书馆来说,它的读者群体就是学校的师生,因此馆藏的文献资源也必须要为师生的学习、教学和科研来服务,藏书体系要相应地和高校内学院的专业设置相契合,结合高校内专业的实际建设状况和课程设置的相关需要来更为合理化地进行图书的购置。这样一来,不仅可以使图书馆当中的文献资源更好地为广大的师生服务,而且还可以相应地加强藏书的特色建设。对于高校内的重点学科,需要采购、收藏更为多样化的文献资源。对于高校新增的学科图书类型,需要尽快地加以补充。对于一些普通读物来说,则需要选择性地进行收藏。在这样的发展基础上,相应地形成一个更加符合图书馆特色和建设需求的科学藏书体系。从图书馆当前的文献馆藏现状和读者的需求出发,以满足读者需求和专业科研需要为前提来进行图书和文献的购置,从而得以确保文献的类型能够更具针对性。高校图书馆在进行文献资源购置的时候,可以提前对师生的要求进行调查了解,藏书结构和采访原则需要建立在满足读者阅读需求的基础上来加以进行。

当前我国的高等教育体系越来越完善,因此高校的种类和数量都有了很大的发展,有综合性的大学,有以培养技术人才为主导的高职院校,还有培养专业化人才的艺术类院校等,不同高校内的教学需要和学生需求都有很大不同,所以图书馆在进行文献资源建设的时候,也需要相应地从学生的阅读兴趣和阅读倾向出发,对于文献资源的技术型和学术型要加以区分,除了要提供本专业

所需要的图书资源之外，还需要重视增强学生综合素质的文献资源建设。高校需要结合不同专业的教学科研需求和读者的阅读需要来制定更为合理化的图书采购计划，并且为各个学院订购专业性比较强的书刊，结合相关读者的需求变化，对文献和图书的采购计划加以调整，力求满足更多师生的需求。在这样的基础上，图书馆还需要相应地对馆藏建设的问题加以重视，通过合理组织和科学配置，对图书馆的馆藏状况加以优化，继而将图书馆的建设特色凸显出来，形成一个更为系统而全面的文献保障体系。

（二）建立更为丰富而优质的文献资源馆藏

1. 积极促进图书馆文献资源由数量向质量转变

高校图书馆当中的各项文献资源，其主要的读者目标是广大的师生，因此，需要尽可能地满足高校内师生在不同层次和不同专业方面的需求。想要吸引读者、更好地满足读者需求的话，那么便需要有丰富而高质量的文献保障，所以如今很多高校图书馆为了迎合教学评估的需要，会购买一些特价书和旧书，这虽然使图书馆文献资源的数量有所满足，但是在质量方面却仍旧存在一些问题。馆藏文献资源在配置方面存在很多的不合理之处，相应地造成了资源浪费问题，所以在基于读者需求下进行文献资源建设的时候，需要进一步地对图书馆内文献资源的质量加以保证，不能只重数量而忽视质量，对于高校内的热门专业、读者需求比较大且借阅率比较高的图书，需要多购买，但是那些读者范围比较狭窄并且实际需求也相对来说比较小的图书，需要相应地减少购买量。自然，图书馆的文献资源建设本质上也是一个动态发展的过程，因此在未来的建设发展过程当中，也需要相应地优化馆藏质量，推动文献资源更为有效地利用，进而推动图书馆的可持续发展。

2. 不断加强和读者之间的互动

基于读者需求来进行图书馆文献资源建设的话，需要相应地加强和读者之间的有效互动，图书馆需要结合当前的实际发展状况来进一步地深化自身的服务内容和服务体系，进一步地加强和读者之间的有效互动和有效联系，在进行文献资源类型购置的时候，需要重视和读者之间的互动，并且深入到不同专业和不同类型的读者当中，可以更好地知道读者的需求，将图书文献采购工作和读者服务工作之间进行有效结合。在这个基础上将读者的反馈信息和书目类型进行统筹规划，继而形成订单。

此外，在进行读者需求了解的时候，还可以采取图书馆系统留言和学生调查问卷等的形式来进行，这样可以更好地了解到读者的多样化需求层次，让读者可以根据自己的实际需要来进行图书文献资源的选择，这样不仅可以提高图书馆内馆藏图书资源的质量，而且还可以使图书资源更具针对性，从而相应地发挥出资源优化配置的作用。

（三）立足于读者需要作出改革

1. 协调馆藏资源，满足读者需求

在进行图书馆文献资源建设的时候，需要结合读者需求的变动来进行相应的协调，这样一来，可以在更大的程度上满足读者的相关需求，根据高校内学生层次和专业的不同，有针对性地对图书馆当中的馆藏资源进行调整，文献管理人员要结合读者需求的变动来积极地转换思维，多购入一些读者真正需要和感兴趣的文献类型，积极地寻求适应学生读者用书需求的心理和特点，对当前的馆藏资源作出优化，使文献资源建设的针对性和实用性都可以相应地提高。从读者当前的需求现状出发来进行协调，这样一来，不仅可以有效地提高图书馆的关注度，而且在一定的程度上提高图书的适用性和利用率。

2. 优化馆藏结构，加强电子文献建设

就传统的高校图书馆文献资源建设来说，纸质资源的占有率是较高的，但是近年来随着网络技术的不断发展，图书馆的数字资源建设也被置于重要的位置，文献的类型越来越多样化。就当前的实际发展状况来看，单一的纸质文献资源类型已经难以契合读者的需求，因此在当前信息化社会的发展背景下，也要相应地加强电子资源和网络文献资源的建设，结合高校内师生的发展需求，拓展信息服务的范围，相应地购入数字图书、计算机网络课程和多媒体课件等，这不仅会使图书馆里的资源多样化，而且也会对读者的吸引力增加。对于读者来说，这既可以丰富他们的课余生活，同时还可以开阔视野，既可以有效地提高读者对于文献资源的利用率，同时也可以在很大程度上实现图书馆文献资源建设服务质量的提高。

3. 充分发挥电子资源的作用

高校图书馆除了传统的纸质阅览之外，还需要相应地设立电子阅览室，凭

借电子阅览室的功能和优势吸引学生的关注，从而将信息资源的作用更好地发挥出来。在当前的发展基础上，高校图书馆也要进一步地拓展电子阅览室的功能，借助于更多样化的服务手段来为广大的读者提供更加多样化的服务，将文献资源的作用更好地发挥出来，积极地对业务范围加以拓展，进而为读者提供更加深层次的服务，不断地满足广大读者动态化的需求，在加强读者传统服务的同时，增加一些服务内容，使文献信息充分发挥作用。

综上所述，对于高校图书馆的文献资源建设来说，这可以说是一个动态化的过程，信息技术的发展将会直接地关系到图书馆的文献资源建设方式。基于当前的技术发展而言，高校图书馆已经可以借助于信息技术对读者的文献资源需求进行分析，进而在读者需求的基础上来相应地对文献资源作出类别整理。在未来的发展过程当中，高校图书馆的文献资源建设也必定会随着学校发展和读者群体需求的变化，相应地进行馆藏文献资源配置结构的变动，因此在基于读者需求进行文献资源建设的过程当中，需要结合实际的发展状况来相应作出调整，使文献采集机制可以更好地契合读者需求。

第三节 基于读者决策采购的高校图书馆资源建设

立足于读者的实际需求，全面加大整体的资源建设力度，打造具有较强交互性、多元性、综合性、特色性的全新图书馆资源体系。"读者决策采购对图书馆的内涵及馆藏资源的价值进行了重新定义，使读者真正参与到资源采购实践。"[1] 另外，还必须要对读者的实际需求进行全面的了解，充分渗透以人为本的理念，在了解读者决策采购的具体情况的前提下，对各项资源建设工作进行全面的规划与细化。以确保高校图书馆资源建设工作能够与社会发展、高校发展保持一致。

---

[1] 刘春梅，杜宗明. 基于 PDA 的我国高校图书馆中文纸质资源建设模式构建 [J]. 科技创新与生产力，2020，（10）：13.

一、高校图书馆资源建设中决策采购的意义

有效丰富高校图书馆馆藏,全面提升图书馆职能。为了促使高校图书馆资源建设走出当下的发展困境,以读者为主体和中心的读者决策采购模式应运而生。以读者需求为内在驱动的采购模式,与传统根据高校图书馆的发展规划和特色来进行采购的方式不同,其采购原则是读者的使用需求和实际诉求,读者成为采购参考的主体,可通过图书馆提供的相应渠道来进行自身需求的反馈,更好地协助图书馆确定购入方向和资源建设目标。在图书馆的部分采购权限向读者转移的情况之下,工作人员则需要根据实际情况来进行相关数据的整理、收集、评估、分析,为图书馆的最终采购决策和资源建设决策提供真实的参考。

高校图书馆向读者开放书目查阅的权限,根据图书馆系统的特性来设置相应的采购触动机制或数据采集机制。读者在借阅的过程中,可通过登录书目系统检索来获取自己所需的书籍信息,触发联动机制,由系统来及时传输相关信息。高校图书馆工作人员则需根据需求来与书商进行沟通与协商,并通过读者自身需求,为其提供在线图书资源阅读、下载,或者线下图书寄送等服务,从而形成符合全新的资源建设体系的图书馆与读者的借还关系。该模式的推行可以有效减少高校图书馆工作人员的参与和主观臆测,使读者能够在更短的时间内享受到优质的高校图书馆服务,以期能借助读者决策采购促进和引领图书馆的全面发展和资源建设。

二、基于读者决策采购的高校图书馆资源建设的完善策略

(一)提升人员综合素质

高校图书馆必须要对基于读者决策采购模式下的图书馆工作情况进行全面了解,掌握其对管理人员的素质和能力的要求,有针对性地利用互联网的渠道来进行图书馆资源建设与读者决策采购的宣传。科学进行全新理论和方法的推广,引导每个工作人员积极进行了解和学习,也可以聘请具有较高资质的图书馆工作人员或专家,到高校图书馆内开展主题讲座,通过面对面沟通和探讨,利用权威来解决图书馆工作人员存在的问题与困惑。

高校图书馆从不同的方向、角度入手来进行考量，根据资源建设和读者决策采购的需求来进行培训设置。针对专业素养有待提升的人员，需引导其有针对性地进行图书馆服务、图书馆管理、读者决策采购引导等的理论培训和技能培训。

培训高校图书馆的工作人员，使其能更好地对各种情况与风险进行甄别，有效开展读者决策采购和图书馆资源建设工作。另外，也可以全面加强图书馆际之间的合作，定期开展资源建设与读者决策采购的交流座谈会或学术研讨活动，推荐优秀馆员到其他图书馆进行交流和学习，积极进行自身经验和心得的交流。这样能够让图书馆工作人员更好地了解普通高校的资源建设的流程和方法，以及一些优秀的学术研究成果或先进的志愿建设模式，并将其有效地应用和渗透到实际的图书馆资源建设工作中。

（二）加强读者决策采购的引导监督

在高校图书馆发展过程当中，相关人员必须要充分了解不同读者对书籍的实际需求与阅读情况，为其提供不同的读者荐购渠道和方式。高校图书馆根据资源建设目标生成图书馆调查报告，面向高校全体学生进行发布，要求其真实客观地进行填写，并通过回收调查报告的方式来了解读者荐购的情况。

高校图书馆可以在官网平台上增加网上书店信息荐购的板块，让网上书店或者书商，将所有的书籍信息项目进行整理，及时上传，由读者根据客观条件和主观条件来推荐图书馆进行购买。也可以开设论坛荐购、邮件推送、微博荐购、博客荐购，以及现场资源荐购、荐购系统、书展荐购、书本式书目荐购等，利用各种方式激励读者积极参与到决策过程中。

高校图书馆可以全面加强先进的信息化软件和系统的引入，24小时不间断进行监控。充分掌握读者的进入或浏览的时间、需求、频率阈值，利用大数据技术对相关的信息进行全面的汇总和分析，根据图书馆的需求和建设目标，对读者荐购进行科学论证。充分掌握读者荐购的优势与风险，从资源价格调整、软硬件配置等多方面情况，对读者荐购的成本进行有效的核算。根据图书馆的图书采购经费，对不同种类的书籍的价格上限数额进行规定。当读者荐购超过预算成本时，则需由图书馆工作人员对其进行系统、全面的评估，对读者荐购的不足进行补充。由专业的图书管理人员制定有效的书籍采购方案，对能触发图书馆采购机制的行为进行有效的执行。图书馆工作人员还需要及时加强对读者决策采购整个过程的评价与跟踪，积极进行各阶段采购方案和资源建设情况的反馈，通过综合评估的方式来找出该模式执行过程当中存在的不足与缺陷，并根据图书馆的业务需求和服务要求来进行相应的整改，以期能全面地增加、利用图书馆的馆藏。

（三）加强纸质类资源的建设

高校图书馆工作人员必须要充分掌握各阶段的高校图书馆资源建设的目标和要求，以提升图书馆的服务质量，促进图书馆的数字化、信息化、综合化的发展为目的，从读者决策采购入手来确定科学的资源建设路径。充分参考借鉴用户的智慧和经验，全面加强图书馆的纸质资源和电子资源的建设。

图书馆大力加强基于读者决策采购的阅读器的开发，对其功能进行有效的优化、完善，在其中嵌入RFID技术，根据其资源特性和等级来为读者提供相应的服务，并对阅读器的访问数据和使用行为进行综合的评估。以书目访问的数据或者电子资源购买和阅读行为作为参考，对实体书籍的购买进行有效的分析和决策。为确保高校图书馆能够实现可持续发展，还要对读者荐购的书籍进行有效的排序，根据其排名来选择购入量和购入时间。对新购的书籍需对其进行科学的排序和整理，根据其固有属性编制图书馆书目，将其妥善地保存在高校图书馆当中，并引进自动化监控系统，对图书馆的温度、湿度等情况全面监控。通过图书馆工作人员人工干预和系统控制的方式来进行调整，避免由于保存不当而造成图书损坏的现象。

（四）加强数字资源建设

数字资源具有跨越时空界限、共享性强、易于检索、便于利用和储存、信息密度较高的特性。因此，高校图书馆可以将图书供应商和图书馆书籍电子信息进行有效的整合，为读者推出在线查询服务，引导其在网页上输入关键字进行检索，以获得相关的图书信息并进行荐购。也可以在考虑图书馆的数字化建设进程的情况之下，通过合法的方式和渠道来获取读者荐购书籍的电子出版权限，与图书供应商等相关机构进行有效的合作，推出具有高校图书馆特性的全新电子出版物。读者只需利用手机端或者电脑端登录高校图书馆的数据库，就能获得相关的电子书信息，并根据自身需求进行阅读和购买。

高校图书馆还应及时对优秀高校和海外高校图书馆资源建设案例和经验进行全面的总结，以满足读者多元化的阅读需求为目的，对现有的馆藏进行全面的挖掘和整理。科学进行书籍的权限和等级的评定，利用数字化设备和系统来将其转化成电子图书。

构建全新的数字图书馆系统或者高校图书馆电子信息数据库系统，参考其他优秀高校图书馆的天体物理数据系统、地理空间数据系统等，了解读者荐购特性和图书馆特色，全面加强具有专题性、特色性、针对性、多元性的电子数据库的建设。在其中引入信息自动化筛选系统，根据高校图书馆的资源特性来进行固有参数的设置。借助系统的优势来对数据库当中所上传的信息进行科学的甄别和判断，筛选出具有较高重复率的信息，并由图书馆管理人员对其进行二次审核，根据要求进行删除或替换。

高校图书馆需要全面加强对电子资源的整体发展态势的了解，及时将新购入的书籍进行数字化的转换。选择购入一些具有较强权威性、影响力、知名度的优秀出版社出版的书籍，或是一些具有较强舆论影响的刊物、报纸、文献纳入数字资源建设当中。由图书馆管理人员对相关信息进行综合的审计与评估，了解数字资源的版权和属性，确定是否将其纳入数据库。另外，为了有效避免高校图书馆出现重要的信息或数据泄露的现象，还需要全面加强安全管理力度。在数据库当中有效融入安全认证技术和防火墙技术，对访问高校图书馆的读者权限进行严格的设置。还需要加强安全防护联动系统的建立，当图书馆出现访问异常或者受到不法分子的攻击时，系统则可快速地发布安全指令，冻结数据库访问权限，对重要数据进行升级安全加密、自动转移、有效隔离等处理。这样不仅能够有效提升数字资源应用率和共享性，同时也能使高校图书馆的读者决策采购更具科学性、针对性、时效性、参考性、应用性。

总之，在图书馆资源建设过程当中，相关人员必须要树立以读者为主的思想和创新发展理念，对实际的高校图书馆资源建设进行有效的整改和创新。另外，还必须要全面提高对相关人员的综合素质的要求，以"为用而购"为原则来进行图书馆藏的开发。将纸质资源有效转化成数字化资源，并根据当下的发展态势来进行高校数字图书馆的建设。

此外，还必须要了解读者决策采购的整体周期，优化功能，增加图书馆和读者之间的交互与沟通，以便于能够根据读者决策的动态情况来进行相关的整合，并为读者提供更多的定制化服务。这样才能为基于读者决策采购下的高校图书馆资源建设的全面发展奠定良好的基础。

第四节 区域协作与高校图书馆资源建设创新

高校图书馆资源建设中区域协作的实质就是指在某一个区域内，将所有的高校联合起来，将其中所有自愿参与组织的高校图书馆按照协议组织进行规划。"高校图书馆区域性协作，能推动区域内高校图书馆服务优化，保障区域内高等教育的发展，使各高校图书馆在协作中实现共进共赢。"[①]

一、高校图书馆资源建设中区域协作的特征

第一，地域性。建设区域协作的高校图书馆资源联合体系重要的前提就是通过相同地域性的原则建立联合体系，需要存在一定的区域范围和边界，在固定的区域内部，将区域内所有的高校进行整体联合。一般在这样的联合体系内的高校成员，大部分都具有相同的地域特征，文化与政策形势大致相同，相关的文化发展需求大体上也都相同。在这样的前提下，将区域内所有的高校图书馆资源进行有机结合，能够实现各个高校图书馆文化资源的互补，完善文献资源的建设，提高文化资源利用率，从而有效提高各高校图书馆的文化服务水平，加强文化建设质量。

第二，协议性。区域协作高校图书馆资源联合体系，作为一个比较自由的集体，为了能够便于体系内各个不同主体之间进行有效的交流协作，通过建立制度化的协议进行约束管理，才能最大限度地实现资源的共享与交流。在共享联合体中制定的协议，对各个联合成员的职能进行明确，严格要求各个联合成员能够按照协议中的每一条准则进行交流共享，但是由于这种联合体系仍然是一种非正式的联盟类型。因此，在建设过程中仍保持着各个成员的自由，这就

---

① 杨波.区域内高校图书馆协同协作研究——以泰安市域内高校为例[J].内蒙古科技与经济，2020，（11）：123.

要求相关成员能够保持高度的自觉，积极主动地按照相关规定建设相关组织活动，从而保证联合体系良好的秩序。

第三，共享性。现代化的社会发展理念要求所有的公共资源能够实现共建共享，在这种要求下建立的区域协作高校图书馆资源联合体系能够有效践行这一理念。区域协作高校图书馆资源联合体系并不是以盈利为目的所建设的，是从资源共享的角度出发，降低建设成本，从而使相关体系建设取得最大效益的同时，有效帮助各个高校成员解决文献资源短缺的问题。建立这一体系，需要对高校成员进行深入的了解分析，将所拥有的资源进行合理的分配，实现有效的优化整合，取长补短，共享人才、技术、文化资源。

二、高校图书馆资源建设中区域协作的实现途径

第一，建立领导机构。区域协作高校图书馆资源联合体系中建立良好的领导机构能够有效解决各个高校成员自由建设、缺乏统一标准的问题。在此基础上就需要各个高校图书馆的馆长进行组织协调工作，组成专业的委员会，制定相关的体系制度、体系章程，明确各个参与建设的高校成员的责任与权利，使高校图书馆资源联合体系的资源共享制度更加完善。

第二，建立互联网共享平台。如今，智慧化建设的城市中，互联网信息技术已经融入多个领域进行创新，资源的获取渠道也不再受到局限，区域协作高校图书馆资源联合体系可以借助互联网的发展建设智能化信息化的网络平台，建立成熟的网站机构，共享文献资源，实现区域内所有数字化的资源进行有效整合，丰富成员各自的文献资源。

第三，便捷资源获取渠道。在现阶段高校图书馆资源联合体系建设中最重要的就是为各个高校的学生群体建立更加完善全面的文化资源空间，为学生提供更加丰富的资源，所以在资源的获取渠道上更要站在学生的角度进行考虑。可以建设一站式服务，即学生持有联合体系下发的通行卡可以进入本校的图书管理系统也可以进入联合体系中获取需要的资源，废除了传统的繁杂的申请手续，为学生开辟更加便捷的渠道。

第四，拓展服务范围。在建设区域协作的高校图书馆资源联合体制时可以从多方面多角度进行建设，例如对于体系内的精准化服务就是整体图书馆服务

的核心所在，仅仅凭借着某一高校图书馆自身的资源以及服务是无法满足所有学生的要求的，要结合学生的实际需求，在体系内联合其他成员建设更加人性化的服务体验，推进体系的健全发展。

总之，只有不断发展创新区域协作的高校图书馆资源联合体系，才能实现文化资源的全方位共享，将体系内的作用优势发挥到最大，从而促进区域内文化交流建设更加快速，进一步提高精神文明建设，推动文化发展。

第五节　二维码技术在高校图书馆资源建设中的应用

二维码是用某种特定的几何图形按一定规律在平面分布的黑白相间的图形记录数据符号信息的。图书馆在进入现代化管理以来，二维码的存储信息量大、纠错能力强、高可靠性等特点势必会在图书馆服务中得到应用天地。

高校的读者主要是教职工读者和学生读者两大类，较公共图书馆读者类型更加简单，在智能手机的拥有和使用上更加普遍和熟练。读者用手机扫描二维码后必须通过无线网络或打开手机流量才能获得相应的图书馆服务。

二维码技术在高校图书馆资源建设中的应用如下：

第一，资源荐购。读者资源荐购是高校图书馆资源建设的重要组成部分，过去读者荐购的方式主要有图书馆管理系统的读者荐购模块；电子邮箱荐购；电话荐购；采编部直接建构；检索机及借阅大厅处填写荐购单等方式。二维码技术将很好解决这些问题，高校图书馆可以在检索大厅、借阅台、书库等方便读者荐购的区域张贴读者荐购条形码，使读者通过手机扫描直接进入读者荐购界面，读者荐购界面设置各类型资源的模块，包括纸质图书、纸质期刊、数据库等。同时读者可以把读者荐购二维码存入手机从而达到不受地域时间的限制进行荐购。

第二，图书编目。图书编目是图书资源建设中重要环节之一，编目质量的好坏直接影响对图书主题内容描述的优劣，也影响读者在图书检索时对图书内容信息的掌握。随着二维码技术的成熟与成本的降低，图书馆或书商可以通过扫描所购图书的二维码将编目数据直接导入图书馆管理系统。这样加快了图书的选购、到馆、上架的时间，从而让新书在最快的时间呈现在读者面前。

第三，随书附件利用管理。二维码技术可以有效解决数据易损的问题，将随书附件生成数字文件制作成二维码呈现在检索结果界面，读者检索到后扫描二维码直接连接到光盘数据库的光盘数据进行下载使用。

第四，不同类型资源的链接。在印刷型馆藏书架下方附上电子资源的二维码，让读者可以很方便地使用智能终端扫描二维码访问电子资源，从而获得所需文献；高校图书馆利用二维码将纸本期刊及电子期刊串通，在纸本期刊上张贴二维码，读者可以通过手机扫描解码后的网址，上网查询是否有该份刊物的电子期刊馆藏；高校图书馆在馆藏图书的后面附带二维码，用户通过手机扫描二维码即可获取出版日期、图书概要、出版商等详细信息。

第五，数字资源的利用。二维码的重要特征就是链接到某个网址或直接进行资源下载，前者可以帮助用户方便、迅速地链接至网页，后者则提供了快速下载文本、音频、视频等资料的渠道。在智能手机和Wi-Fi普及的高校，我们可以将一些数字资源的网址及内容介绍编译成二维码，只需轻轻一扫就可以使读者链接到该数字资源页面，方便快捷地下载所需资源。

第六节　基于CiteSpace的高校图书馆资源建设可视化

CiteSpace是一种多元、动态分时的科技情报分析工具。该工具以库恩科学的范式转移理论和引文分析方法为指导，巧妙地设计和开发了从知识基础到研究前沿之间映射的情报可视化工具。

一、CiteSpace软件的功能与特色

（一）CiteSpace软件的功能

第一，可视化与分析科学文献中的趋势与模式。

第二，CiteSpace软件可视化文献分析软件，侧重于在行业或行业的发展中寻找关键点，特别是智力转折点与关键点。

第三，该软件支持来自科学出版物的多种网络的结构与时间分析，包含协

作网络，作者共同引用网络与文档共同引用网络。

第四，该软件支持创建包含不同类型节点的网络，如术语、机构、国家等，并且可以结合不同的链接类型，比如共引、共现和直接引用。通过这种方式，CiteSpace能够帮助研究者构建复杂的研究网络，从而更深入地理解特定研究领域的结构和动态。

第五，该软件对网络模式与历史模式的理解与解释，包含识别快速增长的专题行业，在出版物的土地上找到引文热点，把网络分解为集群，使用引用文章的术语自动标注集群，地理空间合作模式，与独特的国际合作行业。

（二）CiteSpace软件的特色

第一，在严谨的学术研究框架内，CiteSpace软件为辨识与整合逻辑紧密相连、内聚性显著的概念体系提供了关键性的支持。此功能不仅深化了我们对知识结构的理解与把握，同时也有效拓宽了学术探究的视野，使之展现出更为宏阔且连贯的学术脉络。

第二，可以通过CiteSpace中的交互式可视化单击来访问很多科学出版物的全文。

第三，这可能包含创伤后应激障碍等具体课题，缺乏明确界限的研究行业，如恐怖主义或再生医学研究。

第四，CiteSpace软件是一个免费提供的用Java编写的计算机程序，用于可视化与分析科学行业的文献。

第五，CiteSpace提供书目信息，特别是来自WebofScience的引用信息，并生成交互式可视化。

第六，您可以探索科学出版物中发现的多种模式与趋势，更有效地发现对科学文献的理解，而不是通过文献的无指导搜索。

二、CiteSpace软件可视化应用

CiteSpace依托计量学，以可视化为目的，对数据间的结构和规律进行呈现。通过Citespace软件对高校图书馆资源建设领域的关键词共线分析，作者合作网络，载文年度等方面进行分析，总结高校图书馆资源建设领域的研究现状。并通过关键词聚类情况、共现网络图谱、突现词分析等描述概括高校图书

馆资源建设领域的研究热点。

高校图书馆资源建设，运用CiteSpace工具对关键词在研究领域文献中出现的年份及其频次进行统计并对关键节点网络知识图谱进行可视化呈现。通过对高校图书馆资源建设相关核心期刊的关键词进行文献计量分析可进一步发现其研究热点。

Citespace软件中的关键词聚类分析是基于关键词共现的结果，得到一个具有代表性的研究领域知识子群，然后根据该知识子群中的关键词集对其进行标注和命名，可成为研究领域的研究课题。在得到由关键节点生成的知识图谱后，再进行聚类操作，得出高校图书馆资源建设研究领域的关键词聚类分析结果。

高校图书馆资源建设，通过运用Citespace软件的膨胀词算法，将突变词提取出来，来促成高校图书馆资源建设领域的研究热点，向数字资源、共建共享领域转移。

总之，在高校图书馆资源建设中，通过CiteSpace软件的应用，可以得知信息化（电子资源、数字图书馆）、资源共享、学科服务、特色资源建设等几大模块，是校图书馆资源建设研究领域中的热点，为高校图书馆今后资源建设的发展方向提供了借鉴和参考。CiteSpace软件的应用，使高校图书馆越来越重视特色数据、特色资源；读者荐购参与资源建设成为研究热点。随着信息化在高校图书馆的不断发展与渗透，高校图书馆在未来资源建设热点方面可加大电子资源采购比例，做好与高校图书馆学科建设相适应的特色数据库建设，加大馆际合作与文献传递力度。

第七节　基于MOOC背景下的高校图书馆资源建设

MOOC是依托互联网而诞生的一种全新发展的学习方式，图书馆将MOOC作为新的载体平台，进一步发挥图书馆教育教学的作用。对于高校图书馆而言，MOOC的发展对高校图书馆作为信息传播者的作用提出了严峻的挑战。在MOOC环境下，高校图书馆作为一种知识汇总，搜集信息资源的重要场所，如何为学生提供多样化的服务、促进图书馆多元化发展、为学生提供更多的资源、实现资源共享以及如何响应MOOC带来的挑战，是当前亟待解决的问题。

一、MOOC环境对高校图书馆的意义

MOOC被称为"大型开放式网络课程"，它是以定制的平台技术为基础，用于服务各类人群的一种在线课堂。MOOC具有规模大、开放性、在线授课、参与性和分散性等特点。

MOOC是一种全新的传递知识的平台，MOOC不仅为高校师生提供了一个新型的教学平台，而且对高校图书馆的理念有着深刻的影响，也重新诠释了知识需要共享的理念。在互联网时代下，基于MOOC环境下的图书馆正在以全新的理念与方式为高校教育教学机制提供新的保障。

在信息飞速发展的今天，图书馆在MOOC课程的制作与共享过程中发挥着不可替代的作用。在MOOC平台中，高校图书馆可以进行多角度的教学互动，学生可以根据自己的兴趣和爱好自主地选择课程，在规定的时间内进行自主学习并利用零散的时间完成课程的学习和考试。与传统的教育教学相比，以MOOC为载体的教学平台能够更好地从不同维度和不同资源空间服务学生。因此，高校图书馆应该跟随时代的潮流响应MOOC环境，通过整合资源、构建平台，进一步为高校信息教育提供新的思维视角，发挥MOOC应用的重要意义。

二、高校图书馆电子资源建设的MOOC应用策略

高校图书馆与MOOC相结合，可以有效促进电子资源的建设。现在是信息化时代，伴随着科学技术的发展，各行各业都在运用信息技术，并且在原有的技术上进行改革。现如今，各大高校都在加强线上图书馆的电子资源建设，通过合理的措施为高校师生提供更加全面的服务，这促进了高校科研工作的顺利发展，提升了图书馆的整体工作效率。

高校图书馆与MOOC相结合，可以达到与其他高校共享资源的目的，对促进各大高校的教学水平有着重要作用，也能保障各大高校之间信息流通。

（一）提高数据库的利用率，建立多样化课程检索

提高高校图书馆数据库的利用率，相关的工作人员应建立多样化的MOOC课程检索，助力师生更好地找到自己所需的资料。根据相关的研究表明，当前我国高校数据库的使用率比较低，所以高校图书馆的管理工作人员应该结合实际情况，开展电子资源建设，并且针对高校内的各大专业进行科学合理的设置，从而设计出更加多样化的MOOC课程。

此外，高校图书馆的工作人员要结合每一个专业的特点，建立不同专业的MOOC课程检索，引导学生利用数据库找到自己所需的资料。这样一来，不仅增加了高校师生之间的交流互动，还有效实现了资源共享，解决了图书馆的文献检索问题，在一定程度上提高了数据库的利用率。

（二）整合资源，构建全面平台

高校要整合图书馆资源，构建更加全面的平台。伴随着社会的不断发展，教育行业越来越受到社会各界的重视，教育文献的数量也越来越多。然而，部分高校图书馆的电子资源数据库比较零乱，学生要想在图书馆资源库中找到自己需要的资料，需要通过多个数据库和网络平台。为了改变这种情况，高校图书馆工作人员可以构建更加全面的服务平台，整合和分类图书馆内的电子资源，加强图书馆的信息利用率。不仅如此，高校图书馆服务平台与MOOC课程相结合，能归类整理不同专业的信息，提供更加全面的服务内容，提高信息共享的频率，完善高校图书馆的电子资源管理体系。

总之，作为一种新型的教学模式，MOOC与高校图书馆电子资源建设的结合，将会给高校图书馆的管理工作带来新的机遇和挑战。

第五章
高校图书馆资源建设的案例分析

第一节 高校图书馆资源建设探究——以延安大学图书馆为例

省属高校是由地方行政部门划拨经费的普通高等学校,是我国高等教育体系的重要组成部分。省属高校在我国国民教育、科技、经济、社会、文化生活等方面扮演着重要的角色。由于各省市经济、社会、文化等状况发展不一,各省属高校在图书馆资金投入、人员配备、管理体制等方面与教育部直属"985工程"院校和"211工程"院校等重点院校存在较大差距。所以,各省属院校图书馆不能一味模仿其他重点院校图书馆的发展策略、规划,应该在充分认清自己的发展现状的基础上,找出存在的问题,并因地制宜制定适合自己省情、校情、馆情实际状况的发展策略,为图书馆的持续发展和长足进步提供战略指导。

一、数字资源建设方面的问题及解决

延安大学图书馆馆藏的各类资源数量和结构都有了较大的发展和转变。传统纸质资源和数字资源的累积已初步形成规模,成为陕北地区最大的文献信息中心。在数字资源建设方面,不断吸取和引进先进的管理制度和资源体系,目前也取得了较大的发展和进步,但同时也存在一些问题和不足,主要表现在以下几方面:

（一）数字资源总量较少,资源体系不健全

由于资金投入、人力资源等方面的问题,目前我馆数字资源建设和服务

存在较大的问题。首先，数字资源总量比较少，特别是港澳台和外文数字资源少、更新慢，不能满足广大师生教学和科研需求。其次，数字资源体系结构不完善，像CNKI等数据库，目前只购买部分的使用权，对于广大师生比较关注和需求旺盛的硕士、博士等学位论文数据库没有下载使用的权限。最后，数据库更新和维护不及时，没有专人负责，时常出现访问、下载不成功的现象。这些都对用户的数字资源的正常使用造成了不便。

面对这些问题和不足，可采取以下措施：首先，应加大对数字资源的投资力度，逐渐充实和完善数字资源总量和结构体系。其次，可以通过引进一些试用的、免费的和公益性数据资源，增加数字资源的总体数量。此外，还可以通过整理和整合网上一些免费的公开资源，提供给广大用户使用。在整合和整理网上的免费资源时，可以参考国内在这方面做得比较好的图书馆直接进行引用，也可以派专人做这方面的工作，逐渐形成完整的资源体系。最后，尽快引进高素质的专业人才负责图书馆数字资源的建设工作。最好指派专人负责数字资源的需求调研、资源评估、数据维护及更新等相关工作，保障数字资源建设的可持续发展。

（二）基础设施建设有待加强，校外访问不通畅

目前图书馆的各大服务器、交换机、数据存储等设备都比较陈旧，基本都处于超负荷工作状态，而且一直没有形成有效的数据备份系统。这给图书馆数字资源建设和自动化系统的运行埋下了很大的隐患，特别是数据备份系统，一旦现行存储器出现问题，那丢失的数据可能再也无法找回，后果不堪设想。另外，由于校园网建设和使用权限的设置等问题，以至于校园网外的本校师生对图书馆数字资源访问受限，用户需求长期得不到满足。

为了有效地预防和解决上述问题，应该从资金投入、人员配备等方面着手进行。首先，要加大资金的投入，尽快更新、升级和维护现行的服务器、交换机、数据存储等基础设备，形成系统的备份系统，有效地防止系统的故障和瘫痪。其次，增强图书馆网络技术人员的配备，最好是分条、分块地指派专人负责服务器、交换机、数据网络维护等相关的业务，确保各项工作的顺利进行和持续发展。再次，逐步开展和形成每周、每月、每季、每年度的定期常规检测，并形成相应的检测报告，有效地预防系统故障的出现。最后，积极主动地

和学校网络信息中心、计算机中心等单位合作和交流，及时地更新和维护校园网的基础设施建设工作，尽快解决校外访问问题。

（三）特色资源建设欠缺，资源整合力度不够

在信息资源共建共享日趋明显的时代中，一个图书馆的数字资源建设不一定，也没办法面面俱到、全盘收录。但是一定要有自己的特色，有自己独一无二的资源砝码作为参与信息资源共建共享的资本。这无疑也是图书馆在信息时代中不断发展、长足进步的基础和动力源泉。就延安大学图书馆目前的发展和建设而言，自建的特色资源建设方面只有一个红色数据库，主要是将中国共产党最早创办的《红色中华》《新中华报》和《解放日报》等通过影印等方式制作成电子文献全文数据库，提供给广大用户检索和使用。根据延安大学图书馆目前的条件和资源，还可以尝试进行以下特色资源的建设。一是建立延大人文数据库，一方面可以收录延安大学师生的学位论文、专著、重要会议记录、重大科研成果等文献资料。另一方面，搜集和建设如路遥等延安大学著名校友、工作过的教职工等个人文献资料数据库。这样不仅可以为广大师生的教学和科研提供参考和借鉴，还可以对后学者起到激励和导向作用。同时有助于发扬延大人长江后浪推前浪，一代更比一代强的优良传统。二是加强突出陕北地方特色文献资源数据库的建设，如陕北剪纸工艺、安塞腰鼓、陕北说唱、信天游等文字、图像、影视、多媒体资料的搜集和整理，建成特色数据资源，突出图书馆的文化气息和地方韵味。三是可以依托延安革命圣地等历史优势，积极主动地与延安干部学院等单位展开资源的共建共享项目，搜集和整理中国共产党在延安十三年期间的相关图书、图片、档案等资料，形成具有竞争力的延安革命党史资料库，提高图书馆的学术品位和历史地位。

（四）新技术应用不及时，创新意识有待提升

当今社会是一个科学技术高速发展的社会，已经进入了瞬息万变的微时代。图书馆作为一个组织机构，应该积极主动地融合、参与到快速发展的时代潮流中去。不断地开拓创新，跟紧时代前进的步伐，不断地满足用户日新月异的资源、服务需求。

延安大学图书馆整体技术力量较弱，创新意识不足，在新技术的引进和应用方面较落后。由于年龄结构、学历层次、学科专业、知识背景等方面的限

制，目前图书馆中绝大多数工作人员对计算机技术、网络技术、数据通信技术等了解和认识水平有限，掌握和能熟练应用的更是寥寥无几，这从根本上限制了图书馆对新技术、新设备、新服务的引进和应用。而且，由于上述这些因素的限制，许多本应该开展的，而且在其他同类院校图书馆中都很普遍的一些常规服务项目也一直没有开展起来，如超期图书自动催还提醒、网上预约等基本服务。

面对这些困境和不足可以着手的方面：首先，应该从资金投入、人才引进等方面逐步加以改善。其次，要充分地利用现有的人力资源和条件，鼓励、支持那些热爱图书情报事业、对图书情报事业具有极大热情和激情的馆员不断地学习。全面系统地学习图书情报、文献资料、计算机技术、网络通信等与专业岗位相关的知识和技能。在条件允许的情况下，鼓励、支持馆员进行在职或脱产深造，如攻读图书情报专业硕士（MLIS）等，从根本上增强图书馆从业人员的专业素养。再次，可以适当地开展轮岗、竞聘上岗等具有竞争性质的岗位聘任制，特别是对于部门负责人、临聘人员的选拔和任用方面，逐步形成积极向上的、具有良性竞争的工作氛围。最后，要不断地更新思想理念和服务意识，要秉承图书馆全心全意为用户服务的宗旨和服务理念，积极主动地为广大用户提供实时、便捷、智能和人性化的服务。如逐步地开展手机移动平台、BBS、微博、微信等参考咨询服务平台，方便用户对图书馆资源和服务的访问和利用。此外，通过设立特色鲜明的馆标、馆徽、馆训、服务宗旨等方式，积极主动地创立和经营好图书馆、图书馆人的品牌、形象和地位，不断增强图书馆、图书馆人在用户心中的良好形象和崇高地位。

二、传统文献资源建设方面的问题及解决

面对不断丰富的纸质资源品种和不断上涨的价格趋势，各大图书馆在传统的文献资源建设方面，都面临巨大的挑战和考验。延安大学图书馆作为一个地方性的高校图书馆，在传统的文献资源建设方面主要存在以下一些问题和不足。

（一）资源体系不健全，相关制度不完善

目前，延安大学图书馆在传统文献资源建设方面，还存在资源体系不健

全、采购、剔旧、接收赠送等文献获取和保障政策不合理、不完善的地方。特别是目前馆藏的港澳台、外文文献资源缺乏，更新不及时等问题和不足。针对这些问题，图书馆应该根据馆藏资源基础、资金条件、人力资源等，合理地进行传统文献资源的采购，具体可以从以下几方面加以改善：

首先，资源采购要和学校的学科专业建设目标相匹配，要支持学科建设，采购资源不能和服务对象脱节。

其次，应根据学校学科专业目录的建设和发展，加强对重点、特色学科，以及薄弱、边缘、新建学科专业的文献资料的建设，形成基本的馆藏资源体系。再次，要加强特色、精品、经典、一流文献资源的建设和整合工作，不要犯一味地追求资源总量而忽视了文献资料的质量和品质等错误。

最后，应该制定科学、合理的文献采访和剔旧政策，促进文献的及时更新和正常老化。目前，延安大学图书馆每年接收数量众多的中科院图书馆、高等教育出版社等机构和单位的赠书，这些赠书中有许多与本校的学科专业设置不符合，还有些是与现有的馆藏文献资料重复。

另外，在高等教育出版社的赠书中，有许多是样书，而这些样书与正式出版的书籍还是有一定的区别的。所以，图书馆采编人员在接收和加工处理这些赠书时，要做好查重、审核等工作，剔除那些重复的、应用价值比较小的文献资料，同时不要以部分样书替代正常的采购计划，以不断地提高馆藏资源的质量和水平。

（二）文献获取途径较单一，采访决策水平较低

在数字资源和传统纸质资源并行发展的趋势中，各个图书馆都面临着有限的资金支持和无限的资源需求之间的矛盾。如何利用有限的资金，最大量地提高资源的保障率是各个图书馆必须考虑的问题，特别是在传统的文献资源采购方面，更是应该合理地规划，以达到采购一种是一种的目的，将资源的性价比提到最高。据调查和研究发现，目前我馆的文献获取途径比较单一，主要是招标采购加少量的现采，以及中科院图书馆等单位的赠书。这种资源获取的途径，自由度和议价能力都比较低，文献资源的种类和结构也会受到较大的限制。

面对这些问题，应该从资源的获取、加工、整理到典藏等方面不断地进行

调整和优化。一方面，在决定资源的采购过程中，应该适当地扩大采购决策人员的范围，尝试着引进PDA（Patron Driven Acquisitions，读者决策采购）、学科带头人、负责人荐购等方式来决定到底采购什么样的资源才最能满足用户的需求。在采购途径的选择方面，应该综合招标采购、现采和网购等多种途径和方式进行，争取以最优惠的价格获取最具性价比的文献资料。另一方面，要积极主动地开拓校内、校外的赠送渠道，扩大文献资源的获取范围。在条件允许的情况下，逐步开展馆际互借和资源交换等文献获取、保障途径，不断地丰富和充实馆藏资源。

（三）文献加工效率较低，书目数据不够精准

在传统资源的建设中，文献的加工效率和规范化程度、数据的标准化、精确度等对文献的检索和利用具有直接的影响。目前我馆在文献加工和书目数据等方面还存在较多的问题。主要表现在文献加工的效率比较低，规范化程度不高，特别是对外文文献、不能直接套录编目数据的文献资料处理的效率较低。另外编目数据的标准化和准确度不高，在流通阅览的过程中，存在较多的文献标识与内容不相符、编目数据不准确等现象和问题。

要解决这些问题，首先，要加强采编人员的专业素质和业务水平，鼓励现有的工作人员定期或不定期地进行业务学习和培训，逐步提高文献加工的效率和水平。其次，逐渐地引进高素质的专业人员，不断地开展和规范文献加工处理程序。再次，对一些基础性的、业务水平要求比较低的工作，如贴标签、盖章、加磁条等工作，可以进行业务外包或聘请一些临时人员、学生助理（小红帽）等进行处理。最后，编目人员及相关责任人，一定要有意识、自觉地提高编目数据的标准化和准确度，对不确定的数据要勤查、勤问，努力确保书目数据的准确性。不断地缩短文献加工的时间，使到馆的文献资料在最短的时间内进入到流通阅览领域，从而提高文献资源的利用率，降低文献资源的老化率。

（四）馆藏资源布局不合理，资源利用率不高

印度图书馆学家阮冈纳赞在《图书馆学五定律》中提出的第一定律就是"书是为了用的（Books are for use）"。所以，图书馆文献资源的采购，绝不应该是为了丰富馆藏资源而进行大量的采购，也不是为了应付各种检查、评估而购买，若是那样将会得不偿失，甚至劳民伤财。图书馆不管采购了什么样的

第五章　高校图书馆资源建设的案例分析

资源，拥有什么样的设备，最终的目的都是为了提供给用户使用的，这应是每一个图书馆采购资源设备的根本出发点和立足点。

目前我馆在典藏和流通方面主要存在以下几方面的问题和不足。首先，馆藏资源的更新和剔旧存在不足。尚未开展有效的、常规性的文献剔旧工作，以至于书库、书架处于饱和状态，新进文献资料不能及时入库上架，甚至影响了文献的正常采购计划。其次，目前各个借阅室的排架不甚合理，是横排排架，而不是目前各大图书馆普遍采用的先安排再按架、从左到右、从上到下的方式排列。这不仅不利于用户查阅文献资料，而且在整架和剔旧中也存在较多的问题和不足。最后，资源布局和结构不是很合理，尚未形成科学合理的文献典藏政策。比如教学参考借阅室中只有英语和计算机类的书籍而没有其他学科专业的教学参考书籍，让人感觉有些名不副实。期刊阅览室布局比较混乱，学报和学术期刊、一般性杂志混排。文献检索终端、平台分布在各个借阅室，没有专门的、集中的检索区域，不便于文献资料的快速检索和借阅，无形中提高了文献资料的拒借率。

针对上述情况和问题，首先，应该有计划、有步骤地开展文献资源的评估和剔旧工作，以解决日益饱和的书库、书架，尽量让现藏资源发挥最大的价值。其次，进行实地的考察和调研，依照调研结果，参考其他院校图书馆的设置方式，逐步改善资源的布局，特别是排架方式。最后，逐步形成科学合理的文献采访、典藏和剔旧等相关政策、制度，不断地完善馆藏资源的质量。

总之，高等学校图书馆资源建设是图书馆开展各种活动和服务的基础，是图书馆发展和前进的动力和源泉。为实现延安大学建设高水平大学的目标，图书馆作为学校发展和建设的三大支柱之一，应该尽早地完善数字资源和传统的纸质资源的建设体系，建立和完善各种相关政策、制度，加强资金、人员、设备等的配备和保障工作。提高资源建设的科学性、合理性、效益性和时效性，以应对高校图书馆面临的各种挑战和考验，不断地提高用户的满意度，保障学校教学和科研持续、健康、向上发展。

第二节 "十四五"时期应用型高校图书馆资源建设的探究
——以四川旅游学院图书馆为例

一、"十四五"规划下的图书馆资源建设概述

"十三五"时期我国图书馆高速发展，信息资源在数量方面已较为丰富，规模已较为庞大，图书馆用户在对图书馆的使用和利用方面也在不断发生变化。"十四五"背景下的2035年建成文化强国的远景目标、高等教育迈入内涵式发展新阶段等都对图书馆的发展和建设提出了更高的要求。在"十四五"时期，信息资源更强调从藏到用的转变，图书馆的信息资源对于各学科分类、主题需求、载体需求越来越细，图书馆资源在建设中必须与时俱进，满足用户日益更新的需求。随着现代化技术的普及和不断提升，科技创新作用于高校图书馆，催生图书馆新的资源建设模式出现，高校师生资源使用习惯也逐渐向数字化转变，对数字化馆藏的使用频率越来越高，数字资源在图书馆资源建设中的主导地位越来越强。

高校图书馆作为学校最重要的信息机构，读者需求不断增加，支撑服务功能需不断完善，但随着近几年高校图书馆经费的缩减、出版物价格上升，高校图书馆需考虑"联盟合作""多渠道、可获取"的方式进行图书馆资源构建，合作共享将贯穿"十四五"时期高校图书馆资源建设的全生命周期。近年来，图书馆在资源发现、资源导航、语义技术等方面都得到了发展、应用，图书馆在信息过滤、传递、服务用户方面更高效准确，是高校图书馆在"十四五"时期更好地服务于师生的目标体现。

二、"十四五"时期四川旅游学院图书馆资源建设情况

四川旅游学院作为100所"应用型本科产教融合发展工程项目"建设高校，坚持"地方性、应用型"办学定位，以传承中国优秀旅游、烹饪文化为主要任务，培养适应经济社会发展的应用型人才。四川旅游学院图书馆以支撑

应用型学科建设为目标，重点收藏与学科相关的烹饪、食品、旅游、经济、管理、外语等文献资源，经过30多年的建设与发展，逐步形成以餐饮、旅游为特色的全校协同共享的、具有四川旅游学院特色的文献信息资源体系和服务体系。

（一）资源建设情况

目前，四川旅游学院图书馆有纸质图书103万余册，电子图书67万余册，其中，旅游及相关学科文献3.55万种，11.56万册；食品及相关学科文献3万种，13.5万册，先后购买了涵盖四川旅游学院所有学科专业的综合数据库及专题数据库、论文检测等各类数据库资源29个，其中包括自建的"烹饪特色数据库""川菜产业特色资源服务平台""旅游学术及行业信息特色服务平台"等，推进了有"旅游""餐饮"特色的应用型高校图书馆特色体系建设，保证了应用型高校图书馆的学科资源建设始终与学校发展同步的目标。近年来，四川旅游学院图书馆在文献资源结构、学科占有率等方面进行了规划，优先保障了特色学科资源，对特色学科领域的完整性、规模性及专题性开展了建设，如包含宗教文化、自然景观的川藏旅游特色数据库；涵盖烹饪菜谱数据库、川研中心特色书目数据库的烹饪特色数据库及拥有美食文化、烹饪工艺等热点专题的川菜产业特色资源服务平台。在纸质文献建设方面，有较珍贵的烹饪古籍、校友所著烹饪类的图书，及时收藏地方文献主题套书、年鉴。

（二）经费投入情况

2017—2021年，四川旅游学院图书馆每年文献购置经费都在300万元左右。2021年，四川旅游学院图书馆投入400万元经费用于文献资源建设，纸质图书经费185万元，期刊15万元，电子资源经费200万元，虽做到了与纸本资源持平，但电子资源的总持有比例不够高，数字化馆藏亟待提高。除此之外，2021年四川旅游学院拥有新增学科"交通运输""医疗大健康"等，对新增学科的配套文献信息资源有所补充，但采购力度还不够大。在教参资源建设方面系统性不够，投入经费较少。

三、"十四五"时期四川旅游学院图书馆资源建设中存在的问题

（一）文献资源类型结构待优化

"十四五"时期，新技术的快速发展改变着师生对资源的使用习惯，在疫情常态化防控背景下，教学模式也在随之发生改变。网上及混合式教学模式的普及使得电子教参、音视频、教学视频等多类型资源的采购提上日程，电子版本及多媒体资源利用率提高，在有限的馆藏空间内，一些纸本资源流通量低、副本数过多。"十四五"提出了基于需求导向的资源建设动态优化模式，为教学和科研提供文献信息保障。四川旅游学院学科涵盖了人文社科、工科、经管、艺术等门类，但不同学科门类对文献资源的需求类型不一样，对于如英语、日语等人文类学科而言，原版书目不够多，相关电子版的工科最新专利、标准等收藏需提高保障力度，而艺术设计类学科还缺乏仿真化资源。

（二）合作共建力度不足

全球疫情常态化背景加之经济下行，图书馆经费呈现缩减态势。高校图书馆在"十四五"期间要在有限经费情况下保证利用最大化、服务最大化，应提倡合作共建。四川旅游学院图书馆虽然已与一些图书馆、企业进行合作，对馆藏进行了丰富，但开放获取力度不够，项目成果共享渠道较窄，馆际互借力度不足，数字图书馆从"孤岛"到"关联"的整合和连接还未实现，合作共建的图书馆资源体系还未畅通。

（三）特色文献资源体系待完善

"十四五"规划资源建设主要任务包括对特藏资源建设的持续强化。四川旅游学院虽已在特色文献资源体系建设方面进行了几年的尝试，但资金支撑力度不足的问题仍然明显。作为应用型本科的四川旅游学院在特色专业和学科方面的特色化建设不够，高校校内特色如教师著作、内部资料收集不够丰富，体现本校学科特点的特藏资源缺乏中长期建设规划，特藏文献的渠道来源有待拓宽，如捐赠渠道少，缺乏专项基金的支持；除此之外，部分特色院系资料室的收藏种类少，有待进一步深入挖掘整合。

(四)资源保障在需求跟踪上反应太慢

"十四五"背景下对以需求为导向的资源建设动态优化模式越来越重视,文献资源从藏到用的发展转向越来越明显,随着师生对信息资源利用的个性化、专业化、知识化、精细化发展趋势,文献信息资源更新换代速度加快,在图书馆资源建设中出现了资源补充跟不上学科变化、衔接不上师生阅读方式和阅读偏好的问题。数字化转型发展、整合和连接越来越重要,需求跟踪应成为刚需,数字资源的常态化发展成为目标。数字出版物在数值和统计数据库、电子图像、音频、视频方面数量较少,开放获取资源如机构知识库的途径不够丰富。

(五)文献资源发展目标不明确

"十四五"时期,文献资源效益评价更强调文献保障的有效性,学科文献的收藏率也比以往更重要。对于四川旅游学院应用型本科的定位而言,既有整体学科也有重点学科,重点学科更强调收藏率。对于保存资源与服务资源,长期保存的资源更强调收藏率,而有些学科的服务资源如烹饪标准,更迭速度快,半衰期短;基础性资源和特色资源相比,基础性资源利用率更高,在基础性资源建设上,应注重全面性,四川旅游学院资源建设目标不够精细化,资源分级分类有待加强。

四、"十四五"时期应用型高校图书馆资源建设策略

(一)统筹推进资源体系建设

2035年"文化强国"的远景目标对于图书馆的发展与平衡提出了更高的要求。在"十四五"时期作为应用型本科,要充分了解馆藏发展体系的各个要素是否契合,对四川旅游学院图书馆在下一个五年的资源建设目标、发展方向、措施进行规划和论证,充分了解现状、规划未来。文献资源发展的目标在收藏率、缺藏率、保障率方面应有中长期建设规划,在纸电资源的建设中平衡藏量,文献资源的保障要及时跟踪需求,关注交叉学科、新增专业、新的教学形态等新发展需求,努力提供配套资源与服务,使文献信息资源符合用户需求。图书馆资源体系建设应充分考虑四川旅游学院学科群之间的相互支撑,协同发展;对于四川旅游学院烹饪、旅游等应用型专业,其学科知识体系相对独立,

要在图书馆体系建设中放在特别的位置。

（二）科学控制资源建设采购环节

在"十四五"期间，大学经费拨款不明朗，图书馆经费紧缩。对于应用型高校而言，依靠经费拨款满足一流学科的建设需求仍有很多缺口，所以应科学地控制资源建设的采购环节，拓宽渠道获取图书。如充分评估资源的经费投入：如购置、自建数字资源的费用，数字资源经费投入所占比例、费用年增加/减少等变化情况；充分核算资源的成本，如通过费用和使用情况的分析计算出数字资源的单位成本，如单库或单种文献采购成本、数据库访问成本、下载成本等，为来年经费预算提供参考。

（三）加强合作，形成联盟

高校间应加强合作共建，使馆藏发展融入更大的共享体系。现已有多个高校共同成立数字知识服务联盟的案例，对于馆际互借申请，可数字化加工后提供二维码阅读。四川旅游学院作为应用型高校，对资源保障的有效性要求较高，发展开放型期刊，协商转化型合约，提高本馆数字资源共享能力，在后期跟进上可成立"开放获取"推进小组，向师生宣传相关知识。对于四川旅游学院一流学科建设专业，如烹饪、旅游等的资源建设，可从与各馆、各机构的合作中完善其完整性、规模性及专题性建设。学科馆员之间加强合作采购，如开放式采购获取教育资源。

（四）特藏资源中长期规划

特藏资源中长期规划包含学科特色、馆内特色、校内特色、地方特色的特藏资源，不仅体现着图书馆特色文化，更承载了学校历史与文化。应用型高校在建设特藏时，应以支持教学科研为宗旨、推动学科发展为根据，注重应用型学科的特藏建设藏与用相结合，将特藏带入课堂，走进教学。教师成果与作品、部分院系资料室的特色藏书也应纳入特藏资源规划中，为学校开展相关学术研究、发表学术论文提供助力。

在构建应用性学科专题资源时，对专题资源进行全面分析与评价，如特藏资源的数量、结构；内容与质量方面，如专家评价、专题资源的检索与获取能力、出版商及数据库商的服务等。运用多种方式扩充特藏，加强与专家、书商沟通发现特藏的主题和线索，构建专家支持型特色资源模式；举办仪式、辟出空间善待特藏资源捐赠资料均是未来发展策略。在特藏资源资金方面可申请专项经费、募集专项资金，设立特藏发展基金，保证特藏资源的持续发展。

第三节　高校图书馆资源建设中的用户参与研究——以中国民用航空飞行学院图书馆为例

2015年12月，教育部正式发布修订后的《普通高等学校图书馆规程》，提出"图书馆应坚持以人为本的服务理念，保护用户合法、平等地利用图书馆的权利"。该服务理念的实施，既要依靠以馆员为核心的高校图书馆工作者的专业技能和创新能力，也要充分发挥以读者为核心的高校图书馆用户的群体智慧，鼓励用户主动表达自己的需求，充分保护用户的权利。"以人为本"服务理念的重要实现路径之一便是加强与用户之间的互动，重视高校图书馆的用户参与，这也逐渐成为高校图书馆发展的主流趋势之一。随着高校图书馆工作和服务的多元化，用户参与的图书馆工作领域和程度也在逐步拓展和深入，用户的角色经历了从图书馆服务的"被动接受者""旁观者"向图书馆工作的"参与者""监督者"及"合作者"的转变过程，其参与的图书馆工作既包括资源建设、图书管理、流通服务、阅览管理、阅读推广等基础性业务，也包括学科服务、机构知识服务、真人图书馆等图书馆新型服务。

一、高校图书馆用户参与现状

以中国民用航空飞行学院图书馆（以下简称中飞院图书馆）为例，用户参与的主体以本科生为主，较为普遍的参与形式有两种，一是学生以个体身份参加图书馆勤工俭学岗位，他们的工作内容仅限于辅助馆员完成日常基础业务，如图书整理、阅览室值守、办公室日常业务处理等。二是学生组成"图书馆学生管理委员会"等学生团体参与图书馆工作，其工作内容包括向图书馆反映用户意见、要求和建议，宣传图书馆各类馆藏资源，辅助或独立策划、组织、动员学生参加图书馆活动，管理图书馆新媒体平台等。此外，馆藏资源建设也是用户参与较为普遍的领域，其主要形式包括读者荐购、读者赠书等。例如，北京大学图书馆在其主页专门开设"用户共建板块"，涵盖推荐购买、捐赠、读者参与选书三项共建渠道。部分高校图书馆成立了多个学生服务团队，并根据工作和服务内容的不同，招募不同学历层次、专业领域的学生成员。例如，清华大学图书馆是我国最早实施学生参与图书馆工作及管理实践的机构之一，自建馆以来就开始设置学生助理岗位，发展至今，已经成立了多个学生服务管理团队，分别是以本科生为主体的勤工助学团队，主要参与书库管理、自习室、阅览室值班等日常工作；以研究生为主体的"助教、助研、助管"的"三助"团队，主要参与信息服务、参考咨询、教学助理、系统开发与维护、项目助理等工作；既包括本科生也包括研究生的学生顾问团队，参与院系联系、意见反馈、宣传推广等工作。除此之外，部分高校也将用户参与的层次深入到图书馆管理层面。在《普通高等学校图书馆规程》的呼吁及指导之下，越来越多的高校图书馆成立了由学校相关职能部门负责人、教师和学生代表组成的图书馆工作委员会，该机构承担了对图书馆工作进行监督管理、为图书馆决策提供咨询、为图书馆服务效果提供反馈等职责。

本节将调查和分析国内外高校图书馆用户参与的研究现状，并借鉴部分高校图书馆资源建设中的用户参与实践经验，在确保用户在图书馆工作中的主体地位的前提下，结合"以人为本"的高校图书馆服务理念，从图书馆用户权益保护出发，探讨如何将用户参与和图书馆资源建设工作相融合，以提高用户在高校图书馆资源建设中的参与力度，以中飞院图书馆为实践场，形成由多元角色共同参与的多渠道高校图书馆资源建设用户参与体系。

二、中飞院图书馆资源建设现状

当前中飞院图书馆的资源建设工作仍是比较传统的模式，主要依靠三大部门进行，采编部负责纸质图书资源的建设，阅览流通部负责期刊资源的建设，信息技术部则负责电子资源的建设。尽管中飞院图书馆门户网站面向用户提供了读者捐赠和读者推荐两个资源共建渠道，但是实际工作中，用户参与资源建设的途径仅限于图书捐赠，参与图书捐赠的用户分为两大类，一是以民航局、中航协、中国民航出版社等为代表的团体用户，二是包含学校领导、师生、社会人士等个体的个人用户。图书馆在进行纸质资源建设时，一般仅仅是基于学校的学科设置及供应商提供的书单来进行资源的选择，仅凭少数人的判断来进行图书采购，而不考虑用户的实际需求，使图书馆存在大量"零借阅量"图书，造成了大量的资源浪费。在电子资源建设的选购环节，一般是通过召开电子资源建设采购会议的方式进行，参会人员主要由图书馆领导及其他馆员组成，而作为电子资源核心用户的学校师生并不能参与到资源的选择过程，进而造成了所购电子资源的实际价值与用户的实际需求存在一定的偏差。此外，在全国大部分高校图书馆都遭遇经费削减现状的同时，中飞院图书馆还面临着生均图书拥有量不达标的严峻问题，因此必须考虑怎样将有限的经费精准地投放到资源建设中，令经费的使用效率最大化，保质保量地完成资源采购工作。

在出版物、电子资源等信息井喷式增长的今天，仅仅依靠图书馆工作人员的工作经验来采购资源已经不符合当前的发展趋势，必须进行"精准扶贫"式资源建设，要在补充图书馆馆藏结构缺陷的同时，优先考虑用户的实际需求。中飞院图书馆也在《关于建设民航特色的高水平五型图书馆的报告》中提到，完善多渠道的文献采访体系和资源建设操作实施方法，开展不同途径的文献需求调研，进一步提高文献资源建设的针对性和质量。而让用户直接或间接地参与图书馆信息资源建设则是有效提高资源建设针对性和馆藏质量的途径之一。

用户参与的信息资源建设类型可分为三类，分别是纸质资源、电子资源和真人信息资源。

三、基础信息资源建设中的用户参与

纸质资源和电子资源是高校图书馆常规的也是最基础的资源建设内容，是用户参与图书馆资源建设较为普遍的领域，除了基本的捐书赠书、荐购以外，还要重视多渠道开展用户文献信息资源需求调研。用户参与传统信息资源建设的关键是具备有效、便捷、实时的互动渠道，如图书馆门户网站以及微博、微信等新媒体平台，用户可通过这些互动平台发表自己的需求、建议、评价等，图书馆则可利用这些平台发布图书采购目录、数据库征订目录，收集用户需求信息和反馈意见，并利用数据分析及挖掘工具对用户信息进行处理，分析用户行为。

此外，积极和具有一定威望的专家学者合作，重视他们在专业图书以及专业数据库资源建设中的贡献，邀请他们遴选出其所在学科领域的具有较高学术价值和利用价值高的资源。作为民航局直属高校，中国民用航空飞行学院在全国乃至世界民航领域内都具有一定的影响力，与很多国内外的民航相关企业、机构都建立了合作关系。中飞院图书馆应该充分利用这些社会资源，邀请并吸引这些企业和机构参与图书馆资源建设，以校企合作的形式进行民航相关主题的特藏资源建设。

四、真人信息资源建设中的用户参与

真人信息资源包括由非专业非权威用户在网络公开平台发布的书评、标签、文献注释、评论、阅读笔记等UGC信息资源，以及由在某个领域内具有较高专业技能、文化素养及特殊能力、经历的"达人"用户贡献的以真人图书馆为代表的真人信息资源。

在社交媒体泛在化时代，真人UGC信息资源也成为高校图书馆数字资源建设的重要内容，重视真人UGC信息资源的建设是吸引用户主动参与图书馆资源建设的重要渠道。

图书馆可以利用OPAC系统的评论功能，鼓励用户发表书评，让用户参与到书目数据库建设中，还应该通过话题讨论等形式，在各类社交平台、自媒体平台开设用户讨论专栏，通过采取一定的奖励机制，鼓励和引导用户主动发表自己有关图书馆服务、资源、设施设备、空间等各方面的评价、想法、建议等，并对这些信息进行加工，转化成具有利用价值的知识后再反馈给用户，用户既成为信息资源的提供者，也成为信息资源的受益者，该过程既让用户的自我表达需求得到满足，增强了用户的体验感和参与感，也让图书馆的数字资源储备得到扩充。

真人图书馆是当前高校图书馆为促进读者之间相互交流较为流行的方式。图书馆邀请来自不同行业领域、学科专业领域的"真人"，这些"真人"将取代图书、数据库，与读者面对面互动，分享他们行业经历、人生经验、专业知识等。例如，作为民航特色院校图书馆，中飞院图书馆可以构建具有民航特色的真人图书馆，邀请民航领域的专家、从业者等讲述他们的专业知识、行业经历等，让学生通过与他们进行交流了解未来将要从事的职业，帮助他们做好职业规划。图书馆可以首先进行真人图书馆招募，与具有参与意向且符合条件的用户达成合作协议，汇聚他们的信息，建立"真人图书"数据库，从而能够及时满足读者的真人图书"借阅"需求。此外，"真人"与读者之间的互动过程会产生一些具有价值的信息和知识，因此要对真人图书馆服务的过程进行记录，形式可以多样化，既可以是文字，也可以是视频、音频，并将这些信息进行整理和编目，作为"真人图书"数据库的重要内容。

中飞院图书馆在《2025年建设规划设想》中，提出了"高水平五型图书馆"的建设目标，其中"和谐型"强调"以人为本，高雅多元，人机融洽，交互亲和"，体现了用户至上的理念以及"人馆交互""人人交互""人机交互"的重要性，实现这些交互的重要渠道之一便是重视用户参与。通过加强与用户之间的互动，让图书馆与用户共同参与不同形式信息资源的选择、采集、组织、加工、评价等环节，双方相互协作、相互影响、相互学习，一方面使图书馆的资源采购经费得到科学合理化分配，使图书馆的馆藏资源结构更加合理，资源的利用价值得到充分体现，促进图书馆价值提升，另一方面也让用户的实际需求更能得到满足，增强对于图书馆的体验感，最终实现图书馆和用户双方价值共创及共赢。

第四节　供需双侧视角下高校图书馆资源建设研究——以广西生态工程职业技术学院为例

作为学校教学科研的重要保障部门，图书馆承担着为师生提供各种资源的重要任务，图书馆资源建设一直是重点工作。但随着纸质图书定价逐年高涨、数据库产品不断涨价，资源建设经费连年缩减，图书馆面临资源供给侧问题。在读者日新月异的需求下，图书馆一直注重以用户为中心，努力做到满足读者需求为己任，"读者荐购""读者决策采购""需求驱动采购"等新的采访模式和需求获取方式相继出现，冲击着传统的采访业务，图书馆资源建设面临需求侧问题。因此，现代高校图书馆面临如何兼顾供需双侧、完善资源结构、提高资源利用率等问题。本节以广西生态工程职业技术学院图书馆（以下统称广西生态职院图书馆）实践为例，介绍图书馆在供需双侧视角下资源建设存在的问题以及采取的策略。

一、供需双侧理论

（一）供给侧相关理论

供给在经济学中是指生产者在一定时期内在各种可能的价格下愿意而且能够提供出售的该种商品的数量。而需求是指消费者在一定时期内在各种可能的价格下愿意而且能够购买该种商品的数量。需求增加会导致价格上涨，刺激供给者增加商品数量；反之亦然，供给增加会导致价格下降，倒逼产品质量提升，刺激需求的变化。西方经济学立足供给需求自动均衡，以供给决定的价格机制为出发点，认为供求双方影响商品的可获得性。

供给侧结构性改革是经济学中产品领域的概念，同样也适用提供资源服务的图书馆行业。在购书经费减少、网络信息冲击的环境下，图书馆如何适应环境的变化，提供高效优质资源，如何改变供给端为主的建设方式，实现供需平衡，成为图书馆管理中应探讨的问题。

《普通高等学校人才培养工作水平评估方案（试行）》的指标对图书馆馆藏图书数量、生均图书册数、生均年进书量都有要求，学校为了保障办学条件也会每年投入经费来购买资源。但随着我国高等教育的发展，高校招生人数逐年增加，高校购书经费却没有随之增长。物料和人工成本的上涨，纸质图书定价逐年走高，购书经费没有增长意味着能买到的书越来越少，图书馆面临供给侧问题。

（二）需求侧相关理论

图书馆需求理论基于读者需求，国内外早有相关研究，国外的研究从20世纪开始，其中1925年英国图书馆员里奥尼·麦克文的"需求理论"指出，馆藏建设的发展是建立在读者需求之上，因此馆藏建设和发展应满足读者需求。"需求理论"中的馆藏资源发展方式通过读者直接或者间接的参与，实现资源建设的完整性和专业性，真正实现读者为本的建设方式。近年来，国内图书馆贯彻用户至上的理念，强化读者在资源建设中的作用，如读者荐购、个性化采访、读者决策采购、需求驱动采购等新的采访模式和需求获取方式相继出现，强化了对读者需求的满足，提高了馆藏资源利用率。

以用户为需求的资源建设一直是我馆工作的重点，在采访经费有限的情况下，保障重点学科资源建设是工作的立足点，对于资源的采访根据历史借阅数据、读者偏好来确定采访目标，努力从"需求侧"解决文献资源建设的问题，提高资源使用率。目前我馆采访模式主要以采访馆员为主，读者荐购为辅。采访馆员每周接受各出版社书目、新华书目报等新书资源，根据学校定位、专业发展、采购经费、教学要求凭经验采书。同时将书目发送到管理系统中供读者选择，最后进行汇总、查重和统计，发送订单至图书馆供应商。采访工作面临缺乏整体规划的局面。目前图书馆还没有制定相应的文献采访标准、文献采访细则、资源建设规划相关制度。在采购周期短、经费紧张的情况下，采访人员经常是一批一批地征订，直到完成当年计划为止，造成经费使用不均衡，馆藏结构不优化。

二、供给侧视角下的资源建设方向

目前本馆资源建设供给侧和需求侧问题突出，在国家提出供给侧结构性改革的背景下，不断更新文献采访理念，改变资源建设思路，努力提供优质供给，引导读者需求升级、刺激新的价值需求，形成供需双侧平衡的资源建设模式。

第一，遵循两个规律，调动供需方积极性。在资源建设过程中，图书馆资源购置供给侧要适应读者需求侧的要求，作为资源建设方，应制定长远结合的规划模式，长期满足学校发展定位，中期兼顾学科发展，短期满足师生需求。因此，图书馆应制定《资源建设原则》《资源采访标准》《资源采访细则》等，并根据馆藏结构、特色化资源建设确定各类资源的采购数量、比例和选择标准，做好详细的《本年度资源采访计划》，力争资源建设有目的、有计划、有节奏。

第二，尊重两个主体，实现多元文献采访模式。传统的采访模式主要依据当年经费及书商提供订单来进行，同时也收集重点出版社新书书目。在学科建设背景下，采访模式应转变为专业化资源建设方式，资源采购主要依赖本学科专业及院系老师。主要方式如下，将采购经费按6∶2∶2进行分配。其中，30%作为现采经费，邀请重点学科专业老师进行现采。这样做降低了采购教师的工作强度，有利于提高书籍质量。30%为采访馆员将各个渠道收集到的本专业相关书籍发给老师选购，兼顾各专业老师的需求，也提高文献的使用率。20%为接受教师学生网络荐购，将采购权交给各院系老师和学生，兼顾其他类目的专业需求。20%为采访馆员支配，主要在已选文献基础上进行补充，保证了馆藏发展方向和资源建设的连续性和平衡性。

第三，确定两方利益，提供价值属性视角的采访建议。随着近年来市场的变化和学科评估的开展，各高校为保证办学质量，不断调整专业布局，每年都会对新兴学科、热门学科、冷门学科、低就业率学科进行调整，达到优化专业结构的目的。学校的专业设置及师生数量是资源建设的重要依据。比如，近年来我校开设了林业无人机专业，相应地，图书馆就应采购有关林业测绘、林业遥感、无人机政策、无人机控制等相关书籍。

三、资源建设的优化路径

合理布置馆藏体系，做好资源体系多元化发展是资源建设的路径。在全球化背景下，熟悉国外先进知识是时代的要求，应适度采购外文书籍。从资源节约的角度来进行，可购买影印版，经费能节约90%，还可以通过接受捐赠的形式来增加馆藏。另外，信息资源概念不断延伸，从纸质资源建设到数字资源再到多元载体建设，信息资源建设不再纠结"拥有"还是"获取"，而是以"可用"为目的，图书馆馆藏信息资源可具体细化为自有资源、可供使用资源、许可使用资源、共享的印本资源和免费的资源。图书馆需要以用户的实际需求为出发点，结合馆藏情况，确定自有资源和其他资源的种类、数量，同时将所有资源进行组织和管理，强调资源使用便利性，最大化发挥各种资源效率，进而提高效益。

简而言之，在知识创新的今天，高校图书馆作为学校知识储备中心更应加强资源建设，更加注重资源的覆盖面和时效性，更加立足于学科建设与发展，真正成为学校资源传播场所。我馆在资源建设过程中，不断探索采取一些有效措施，但也面临不少困境，比如经费的增长速度慢于资源投入力度；采访人员不足无力应对日益多变的读者需求；电子资源规范化的问题；网站导航揭示度不够等问题。本书认为，在资源体系构建的过程中，清晰的办馆思想是馆藏发展政策的理论基础，科学性是馆藏发展政策正确性的前提，继承与发展是馆藏发展政策具有生命力的保证。只有图书馆改变观念，与时俱进，才能抓住机遇，助力学科建设。

第五节　互联网环境下高校图书馆资源建设对策研究——以陇南师专图书馆为例

在互联网环境下，随着阅读方式的改变，读者对图书馆资源有了更为广泛的需求。随之，图书馆资源发生根本性变化，由最初单一的纸质资源到20世纪末数字资源的出现，再到目前空间资源的盛行，读者对图书馆资源建设提出更高要求，资源数字化、资源空间化成为必然。

一、互联网环境下高校图书馆资源建设形势

第一，技术水平提升。高速发展的互联网技术使得图书馆的表现形式更加多样化。如应用网络通信技术进行文献资源的分享交流，利用计算机技术和移动终端，使得人们获取、阅读资料信息的渠道更加丰富。这都使读者在阅读活动过程中更加便捷，获取信息更为全面。换言之，图书馆不再是读者获取知识的唯一途径。这是互联网技术为图书馆资源建设工作带来的影响和挑战。

第二，采购方式多样。在进行资源建设过程中，采购渠道、规模、方式等均发生极大变化，拥有更多的可能性。比如书目采访不再是拿着纸质书目勾选，而是通过各种网络采选平台、出版社电子书目、读者网上荐购、业内群互荐共享等多种方式，实现快而准的采访。

第三，分享方式转变。基于大数据、云存储、网络检索技术等的图书馆文献资源共享平台已经成为资源建设的重要组成部分。其中依托CALIS系统的积

极作用，使得国内各高校图书馆资源数据在进行信息传递、联合编目、资源采购等方面更加智能和高效，在此系统下生成的信息共享空间则成为图书馆为读者进行知识服务的有效途径。同时，各高校图书馆积极利用互联网技术形成联合集群，打破地域局限，实现共同受益团。

二、互联网环境下高校图书馆存在的问题分析

一是馆藏结构不合理。互联网环境下，图书馆资源数字化势在必行，但一些学校不顾读者需求，仍然以评估标准为依据进行资源建设。

二是资源不齐，功能不全。随着读者需求的改变，作为读者的信息交流平台、阅读休闲场所、理论服务中心和情操陶冶胜地，图书馆资源不仅仅包括图书资源和信息资源，还应包含空间资源，而且空间资源的比例也会逐渐增大。但是，好多高校图书馆并未将空间资源列入建设计划。以陇南师专图书馆为例，没有一处阅读休闲空间，甚至没有学术报告厅，就连每年的新生入馆培训都无法开展。

三是缺乏长期统筹。一些高校图书馆在进行资源建设工作过程中，表现得操之过急，注重短期规划或者盲目跟风而没有长期统筹规划；在进行短期规划时，没有进行详细深入的调查研究，并且缺乏有效的管理监督机制，由此使得最终的建设结果与实际情况有所脱节。在如今科学飞速发展、知识快速更新的时代，如此随性且"功利"的决策，难以保证资源的正常更新，也使资源失去其原有的价值。

四是人才紧缺。大部分高校图书馆尤其像一些专科层次的高校图书馆，基本没有专业人才。有的馆领导是学校为安排职位指派而来，只是作为"过客"过渡一番；馆员基本是各学院、各部门人员分流而来，有的年龄大等退休，有的缺乏工作责任心。图书馆很大程度上承担了学校解决人事困难的重任，如此形成的人才队伍能维持基本服务就算不错，根本无力规划资源建设。部分"过客"领导本着求稳怕乱的态度，更不愿去调整馆藏结构。

三、互联网环境下高校图书馆建设对策

（一）图书馆规划建设

在资源建设过程中充分利用互联网技术进行建设规划和功能布局，制订科学有效的建设方案，从而提高资源建设质量。

第一，充分利用互联网，有针对性地对读者群体展开调查，即通过与读者群体建立交流、合作通道，使得高校图书馆的资源建设工作与广大读者群体的阅读需求达到吻合。如通过线上问卷、微信群和QQ群留言、讨论等多种方式开展读者调查，深入了解读者需求。同时，依靠大数据，利用读者高频检索词条和借阅记录，分析读者的阅读行为，了解读者阅读需求，并根据需求进行统一规划，为资源建设工作提供一手基础性材料。

第二，随着资源数字化和服务移动化的发展，移动终端普及，各种APP日趋丰富。因此，图书馆要积极进行资源整合，要根据读者需求及阅读方式的不断变化及时调整建设规划，在保证文献资源建设的同时进行必要的空间资源建设。例如，陇南师专图书馆在无线网络全覆盖的前提下，不再花费大量经费建设电子阅览室，而是为自带笔记本电脑等移动设备的读者提供小空间电子自修室。以电子自修室取代传统的电子阅览室，在节约经费的同时能够为读者提供更为便捷的服务，从而形成高效率阅读，并优化读者的阅读体验。

第三，利用互联网的互通性以及交流性，高校图书馆应当做好与其他高校图书馆之间的互动交流工作，即通过互联网技术达到与其他高校的合作式交流，取长补短，互通有无，实现资源共建共享。尤其对于地处偏远的地方高校图书馆，在经费投入有限，人员外出学习交流机会不多，难以及时掌握图书馆发展趋势的情况下，更应该充分利用互联网技术，通过网络了解图书馆发展趋势，掌握高校图书馆资源建设工作的动态及方向，并争取在版权范围内的资源共享。

（二）引入专业人才

图书馆人才的专业化程度决定着图书馆的馆藏质量，在一定程度上影响着高校的科研水平。因此，人才队伍建设是资源建设的前提，要提高图书馆资源建设水平，必须先组建专业化人才队伍。

随着互联网技术在图书馆的广泛应用，传统的图书与情报专业早已成为过去，如今真正的图书馆专业是信息技术与信息系统。专业名称的变化也充分说明图书馆资源建设思路与策略的改变。

（三）广征博引，博采众长

在图书馆专业人才队伍建设受限的情况下，充分利用互联网，建立校内外专家"把脉""会诊"平台。首先，建立校内各学科专家及读者线上荐购平台，通过荐购信息和线上交流，及时掌握学校的专业建设动向及读者需求，为图书馆资源建设提供基础资料，实现集体"把脉"；其次，建立校外同行专家交流平台，通过线上咨询，对资源建设方案进行论证，实现专家"会诊"。

（四）进行资源推广，实现以用促建

进行资源推广，以提升图书馆的影响力，增强读者的认同感，从而吸引读者主动参与资源建设，体会主人翁的感受，让读者觉得参与资源建设不是为图书馆服务，而是对自己负责。实现快速、高效的资源推广，互联网技术的应用具有不可或缺的重要地位。如通过推荐一本好书、写书评、诵读经典等一系列线上活动，让师生读者随时随地在不走进图书馆的情况下进行资源互换、阅读分享和思想交流。同时，吸引广大读者参与资源建设，实现以用促建，取得很好的效果。

（五）提升服务质量

提升服务质量与提高资源建设水平是相辅相成的。因为建设好资源的终极目的在于利用好资源，再好的资源不被人利用将失去其应有的价值。同时，只有充分利用资源的人，才能发现资源的好坏，才能对资源建设作出正确的评价，真正做到为资源建设"把脉"。

综上所述，在互联网环境下，要想进一步提高高校图书馆资源建设效率和水平，就要将互联网技术运用在资源建设的全过程，在全面掌握读者需求的基础上充分认识到高校图书馆资源建设中存在的问题，然后根据问题进行整体规划，避免盲目建设，造成建设和使用两张皮。同时，互联网环境下高校图书馆资源建设更应强化共建共享，实现资源价值最大化。

第六章
文献史研究的理论基础

第一节 文献总论

一、文献的概念界定

从人类文明的发展史来看，文献的发端当推"结绳记事"。《易经·系辞》记载：上古结绳而治，后世圣人易之以书契。《周易注》："古者无文字，结绳为约，事大，大结其绳；事小，小结其绳。"可见结绳表达了一定的思想，成为人们交流思想的工具，它可以保存，也可以传递，起到了信息媒体的作用。

世界上最早的文献产生于距今10000~40000年前的旧石器时代。雕刻在洞壁上的石刻图像、古代西亚的楔形文字文献、古埃及的纸草文献、古希腊克里特线形文字文献和中国商代的甲骨文献等，都是世界上最古老的文献。

在我国，"文献"一词最早见于《论语·八佾》篇："子曰：夏礼，吾能言之，杞不足征也；殷礼，吾能言之，宋不足征也。文献不足故也。足，则吾能征之矣。"这就是说，孔子能讲解夏、殷的典章制度，但对杞、宋两国的典章制度因缺乏足够的文献而无法证实，如果有足够的文献他就能够证实了。对"文献"一词，宋代朱熹在《四书章句集注》中注释为："文，典籍也；献，贤也。"这里"文"指典章制度的文字资料，"献"指见多识广、熟悉掌故的人。而元代马端临在著《文献通考》时，材料搜集广泛，对文献的认识有所提高，认为"文"为叙事之书，"经史"之外，还有会要、传记；"献"为论事之言，除了官僚、儒家说学之外，还有各种名流的言论，下层官者之记录。可见，这时"文献"是指文字资料和言论资料。后来，随着历史的发展，"文献"的概念逐渐演化为专指各个学术领域的各种图书文物资料,原来所含"贤人"的含义逐渐消失。

到了现代,随着科学技术的快速发展和人类社会的不断进步,出现了各种各样知识信息载体材料,发明了各种各样记录知识信息的方式,涌现了大量不同类型的文献,不仅包括传统的书刊资料,而且包括缩微制品、音像资料、机读资料、多媒体资料和电子出版物等,文献概念的外延在不断扩大。因此,我国颁布的国家标准《中华人民共和国国家标准·文献著录总则》(GB3792.1—83)把文献定义为"记录有知识的一切载体。"在国外,国际标准化组织在其制定的《文献情报术语国际标准》(ISO/DIS5217)中对文献的描述是"在存储、检索、利用或传递记录信息的过程中,可作为一个单元处理的,在载体内、载体上或依附载体而存储有信息或数据的载体。"

文献,作为一种物化了的精神财富资源,它的实质是符号化的知识信息,是人类思想和智慧的结晶。无论文献的内容和形式如何变化,其共同不变之处就是文献都是由知识内容、物质载体、记录符号和手段三大要素所构成,它是一种特殊的社会信息产品,是一定知识内容和一定物质形式的统一体。

二、文献的社会功能

(一)知识积累功能

知识是人类对自然现象、社会现象及其规律的认识和描述,是从实践出发,经过人类意识和思维加工而形成的精神产品。人类创造了无穷的知识财富,正是通过文献将这些知识一点一滴积累起来,构成了现代社会庞大的知识体系。据1904年杨家骆和《中国出版年鉴》的统计,西汉至西汉以前共出版古籍1033部,13029卷;到了清代,出版古籍126649部,1700000卷;清以前我国共出版古籍181755部,2367146卷。由以上可以看出,随着人类社会的演进,知识积累的增多,文献也随之发展。

文献不仅从数量上反映了人类知识的积累过程,文献本身的内容也保存了大量珍贵的知识和文化典籍。中国古代类书、政书、丛书及西方百科全书在这方面功能尤为显著。被称为类书之最的《永乐大典》,其规模之大,卷帙之浩繁,当世无与伦比。《永乐大典》,全书引用的各类古籍,总数量有七八千种之多，从而成为世界文化史上空前的巨著；法国18世纪中叶狄德罗编著的《百科全书》全书2268万字，几乎囊括了当时世上所有的知识。人类知识之所以能延续不断，并在累积中日臻进步，文献功不可没。

（二）社会教育功能

从古至今，文献与教育有不解之缘，它是社会教育活动不可缺少的重要工具和手段。

首先，文献具有政治思想教育功能。文献作为人类意识和思维的产物，它必定要受个人主观意志及社会政治、经济、文化等观念形态的影响，社会科学文献尤其如此。

其次，文献具有学校正规教育功能。在教育的3个基本要素中，文献是施教者和受教者不可缺少的中间媒介。在我国古代，各种教学用图书文献几乎与教育同步发展。现代教育中，教科书、教学参考书等图书文献作为教育的重要媒介地位仍未改变。随着各国对教育的重视，文献在正规学校教育中将发挥愈来愈大的作用。

再次，文献具有补充学校教育的功能。正规学校教育只是人们接受教育的一种重要形式，并不是唯一的，人们通过各种文献来获得知识、掌握知识、提高文化知识素质，这正弥补了正规学校教育的不足，是学校教育功能的延伸，为人们接受教育提供了更广阔的天地。

（三）文化传播功能

从文化传播角度来探讨文献的社会功能，主要基于两点：

其一，文献作为人类精神产品，本身就是文化的表现形式之一。著名文化学家冯天谕在《中国古文化的奥秘》中指出，广义的文化是"精神文化"，其中"文，指文字、文法、文体、文学、文献"。文献与科技、文学、艺术、史学、哲学是并列而论的。因此，文献的交流、传播，其本身就体现出文化现象。

其二，文化的积累、沉淀、传播又主要是借助于文字及载体构成的文献来实现的。在古代文化传播中有三个必需条件：一是交通，这是古代文化传播的媒介；二是语言及其文献典籍，这是文献传播的主要手段。三是儒生，这是传播的主要人员。文化的传播，如果离开了作为重要手段的文献，是不可能真正得以实现的。

（四）情报交流功能

文献作为人类思想和智慧的结晶；含有大量有用的情报信息，特别是科技情报，更具有潜在的科学能力，但只有通过交流、传播、开发、利用，才能转化为科技成果，从而造福于人类。文献作为传递情报的一种主要工具，对科学家和工程师及其对社会所做贡献来说是必不可少的，正如德国的施申贝克所说："图书永远是我们值得花费时间的忠实的参谋和可爱的密友。"期刊目前在整个文献系统中其利用率居于首位，而各种技术标准、报告、手稿以及文摘、索引等二三次文献也都扮演着重要角色。

（五）娱乐欣赏功能

健康的娱乐是人类生活中不可缺少的组成部分。除工作、学习外，人的一生中的业余时间占1/3。如何利用这些时间，对于一个人的道德修养、文化素质以及身心健康都有十分密切的关系。在满足人类精神生活的众多形式中，读书看报、听音乐、看电视等是最重要的方式。为了满足人类的这种需求，文献特别是文学、艺术等欣赏性文献确实起着重要的作用。作为广义概念的文献，不仅包括普通印刷型载体，而且还包括录音带、光盘等非印刷型载体。录音带、光盘作为现代视听文献，由于其悦耳优美的音响和鲜艳生动的画面，更能给人以直观的、身临其境的享受。作为一种现代娱乐工具，受到了人们的欢迎和喜爱。

文献的社会功能是多方面多层次的，是由文献的可加工性、价值性和形式的兼容性所决定的。文献只有通过传播和利用，才能发挥它的社会功能，实现其价值。

三、文献的特征表现

（一）文献的基本特性

1. 基于文献的结构要素看文献的特性

国内外关于文献的定义不下十几种，几乎都是围绕着文献的三大结构要素，即文献知识内容、物质载体、记录符号和手段进行的。相应地，人们也可以从中提炼出文献的知识性、载体性、记录性三大基本特性。

（1）文献的知识性 从文献功能性结构来看，知识是文献的内涵；从知识本体论的角度看，文献又可视为知识借助一定的记录符号、载体得以外化和一定程度的物化而形成的一种知识形态，是固化在一定物质载体上的知识。

文献的知识特性是文献社会功能和存在价值的生命之本，也是文献作为精神产品的基本依据。

（2）文献的载体性 在文献的结构中，载体属于文献"物"的方面，与"记录"共同构成文献的形式范畴。在对文献载体的研究方面，有人提出"需要强调信息范畴的载体和文献范畴的载体的根本区别"，这是颇有见地的。按照物理学的分类，文献载体均属于固体（态）物质，如龟甲、兽骨、玉、石、金属材料、简牍、纸张、磁性材料、光电材料等；而信息载体既可以是固体物质，也可以是非固体物质，如声波、光波、电波、磁波等信号介质。

文献的固态载体特性为知识信息的外化、物化，特别是跨时空的信息传播奠定了物质基础。

（3）文献的记录性 记录，从文献的结构要素上讲，处于某种中介的位置。一般地讲，用一定的"记录符号"将一定的知识内容"记录"在一定的载体上便形成了文献。

近年来，"文献记录"的语义开始丰富起来。如：从文献认识论角度看，文献记录既用来表征知识文献化的社会过程，又与文献交流形成概念对应，也用来表征文献的最基本功能，所谓"文献是人类文化信息的记录品"；还可以用来表征文献实体本身，即"文献记录"同"文献"是同义语。从文献技术论出发，"记录"又专指知识文献化的工艺技术过程或工艺技术本身，包括记录符号、记录方式、记录手段、记录装置等。

"文献记录"语义的丰富多样，体现了人们对文献记录特性的认识的不断深化。

2. 基于文献的社会功能看文献的特性

（1）文献的可交流性。人类创制文献的目的是交流文献。文献交流从表面上看是一种物质产品的交流，具体表现为文献物质实体所有权的转换或使用权的互易两种形式，但在本质上却是知识、信息、情报的交流。

（2）文献的文化性。文献及其相关社会活动均属文化现象。文献既是文化的产物，也是文化的媒体。在更深层次上，文献的文化性还体现在文化信息与物质信息、普通知识与科学知识、不同文化知识信息层次、精神与物质的高度整合以及不同文化体系的融合与交流上。在一定意义上，文献的发展是人类文化发展的一个缩影。

（3）文献的智力资源特性。文献是人类对知识、信息、情报的记录品，因而是一种智力型资源。它可以被复制、被反复利用，可以再生。文献资源一旦形成并得到有效的开发利用，就可以成为供全人类所共享的、用之不竭的智力财富。

文献作为一种资源，是以有效积累为前提的，社会文献资源并不简单地等同于文献单位量的总和。所以，有效的文献积累必须以科学地搜集、整理、加工、存贮为基本前提。

（4）文献的价值模糊性。文献既是物质产品也是精神产品。作为物质产品，其价值的测度一般是以其生产、加工、存贮、流通的成本消耗为基础的，但这种测度并不能真实地反映出文献作为精神产品的价值所在。作为精神产品，其价值的测度则十分困难。目前世界上通常以知识产权保护的法律形式来体现对文献精神产品价值的测度，但这种测度往往也因时、因地、因人而异。

文献的价值模糊性还表现为文献内含的知识、信息的价值大小多因使用者的需求不同，以及理解、认识、吸收的能力不同而具有很大的模糊性，甚至表现为巨大的价值差异。再者，它还受文献时效、使用者的文化程度、社会的文献消费观念、语言障碍等因素的影响。

（5）文献的时效性。文献的时效性常常表现为两个截然相反的情形。有些文献（如科技文献）随着时间的推移，其内容价值逐渐减少甚至消失了，学术界称之为"文献老化"。为了衡量文献老化，国外学者还提出了"文献半衰期"的概念。其实，造成文献老化的原因，并不是时间本身，而是新的知识、信息对原有的知识、信息的修正与替代。而有些文献随着时间的推移则日益增值，如名著、珍稀善本及"适用性"情报文献等。

（二）文献的整体发展特征

20世纪60年代以来，由于科学技术的高度发展，文献载体材料的不断改进，新的先进的印刷技术的不断发明，社会的文献量急剧增长。特别是近20

年，文献数量和品种更是达到了历史的最高峰。文献的整体发展特征可从文献的数量、形式、内容、分布、时效五个方面来反映。

1. 数量庞大，增长迅速

随着科学技术的飞速发展，文献也在爆炸性地增长。据专家推测，全世界平均不到一分钟就出版一种新书，每年出版的图书达70万～80万种，每三四秒钟就有一篇论文问世，每年出版的期刊总数超过了20万种，每年登记专利35万件。据统计，最近20年出现的科技成果远远超过了人类历史两千年的总和。在所有文献中，新兴尖端科学文献的增长速度惊人，如原子能、计算机和环境等科学的文献，2～3年即可翻一番。

2. 形式复杂，种类繁多

图书文献生产突破了传统的纸书印刷方式，声、光、电、磁现代化技术和化学塑胶等新材料的广泛应用，使现代出版物发生了重大变化，出现了纸书印刷品与缩微资料、声像资料、机读资料、光盘资料等多种文献载体并存的局面。除了形式复杂之外，世界各国用于记录图书文献的语言文字符号也多种多样。

3. 高度分散，内容重复交叉

由于科学的发展出现了综合化和细分化的趋势，学科发展相互交叉，使得文献呈现出高度分散和内容重复交叉两种状态。

高度分散表现在：同一文献分散刊登在许多刊物上，除综合性、边缘性刊物以外，许多学科与专业性刊物发表的文献涉及多个学科领域。

文献重复交叉表现在：同一种文献往往由一种类型刊物转到另一种类型刊物上，同一篇科技文献用多种形式发表，一件技术发明可以用多种文字发表，一件发明可以同时向许多国家申请专利而获得专利权，利用多种文字或向几个国家公布同一内容的专利说明书。世界各国相互翻译出版大量内容相同的书刊文献，许多杂志社同时出版内容完全相同的印刷型、缩微型两种版本的文献。出版商为追求盈利，大量出版、发行热门书刊和新型学科书刊，争相出版、发行内容雷同而略加改头换面的出版物，造成文献的大量重复交叉。

4. 载文聚散，分布有序

各学科专业文献在期刊上的载文率，既相对集中，又高度分散，呈现出分布有序的离散规律。其表现是：相对数量（1/3～2/3）的专业论文相对集中刊载在少量的专业期刊中，其余数量的专业论文都高度分散刊载在大量非专业期刊中。

5. 时效性强，新陈代谢频率加快

科学技术的高速发展，以及生产技术、产品设计、工艺流程的不断更新换代，使知识与情报老化加快，新陈代谢频率加快。文献内容随着岁月流逝，逐渐陈旧老化，有效使用周期日益缩短，失效期日益加快。据统计，18世纪时，科技文献经八九十年就老化了。19世纪至20世纪时，缩短到三四十年；20世纪初至20世纪50年代，变为15～20年，20世纪70年代以后，5～10年的时间即老化了。新陈代谢频率的加快，还出现了文献的"早衰"现象，由于文献出版数量过多过杂，有些文献还未得到人们发现、利用，其中记录的知识与情报已失去时效。

第二节 中国文献物质形态

文献形态，主要是指文献的载体与制作方式、出版形式。自商周以来，我国文献的形态几经变迁。就载体而言，由甲骨、青铜、竹木转而为缣帛，又转而为纸张。就制作方式而言，由刻、铸、书写而印刷，由简册、卷轴而册页。同是纸质文献，又可根据其出版形式的不同而分为常规文献（图书、报纸、期刊）和特种文献（专利文献、标准文献等）。

一、中国早期的文献类型

（一）甲骨文

甲骨文是现在我们所能见到的中国最早的有文字的文献。甲是龟甲，骨是兽骨，甲骨文就是刻在龟甲和兽骨上的占卜文字记录。

（二）青铜器铭文

青铜器与商周两代相始终，是中国奴隶社会最具象征意义的器物。其最初是工具，后来做成容器及其他生活日用器物，再进而成为礼乐器，成为象征权威意义的"重器"。当时的贵族,凡有重要文件需要长期保存的,或者有重大事件需要永远纪念的,就用青铜铸造一件器物,将文件铸刻在上面,让后世子孙永久保存。这些流传至今的载有铭文的青铜器,就成为考证古史的重要文献。

(三) 石刻

在石上刻字,是古代中国人的一种风气。将文字刻在山岩上称摩崖,刻在经过修治的长方形的石上叫作碑。中国古人的石刻地区分布很广,几乎各地都有石刻,特别是名山古刹,刻石尤多。

(四) 简策

简策是最早的图书形式,是正式的图书。简是写有文字的竹片或木片,将许多简用绳编起来就成为策。简策的使用起源很早,《尚书·多士》篇中记周公对殷代后人的训话:"惟殷先人,有册有典,殷革夏命。"可见,早在商代就有简策存在了。

(五) 帛书

由于竹木的简策非常笨重,携带、保管都极不方便,天长日久,编连的绳子时有磨断,搞乱了图书的文字次序,所以最晚到春秋时代,在简策盛行的同时,又出现了一种新的图书形式——帛书。帛书实际上就是书写有文字内容的缣帛。

二、现代文献类型

现代文献,形式复杂,载体众多。根据其载体、出版形式及加工深度不同,可以划分多种类型。

(一) 按文献的物质载体和记录形式划分

按文献的物质载体和记录形式的不同,文献可分为手写型、印刷型、缩微型、声像型、机读型和数字化型。

1. 手写型

手写型文献是指在没有发明印刷术之前的古代和当今没有付印的用手写的文献,它是以手写或刻写为记录手段,将知识内容记录在甲骨、简帛、纸张等载体上。手写文献具有很多局限性,但同时其中也有许多具有史料价值的重要文献。

2. 印刷型

印刷型文献是一种传统的文献形式，它主要指以纸张为载体，通过印刷手段（油印、胶印、铅印等）把承载知识的文字固定在纸张上。其优点是便于直接阅读，使用方便、成本较低；缺点是比较笨重、存储密度低、占用空间大、加工保存等较困难。

3. 缩微型

缩微型文献是以感光材料为载体，以缩微照相为记录手段而产生的一种文献形式。如缩微胶片、缩微胶卷等。其优点是存储密度较大、体积小、重量轻、便于收藏保存和远距离传递。缺点是这类文献不能直接阅读，需借助缩微阅读机，因此利用率很低。

4. 声像型

声像型文献也称视听资料。它是以磁性和感光材料为载体，借助于特殊的机械设备（如摄像机、录像机、复录机等）直接记录声音、图像而形成的一种动态型文献，包括录像带、唱片、幻灯片、录音带等。其优点是存储密度高、有良好的直观性能、便于远距离传输。

5. 机读型

机读型文献是以磁性材料为载体，利用计算机进行存储和阅读的一种文献形式。主要包括存储在磁带、磁盘和光盘上的数据、信息和资料等。如全文数据库、书目数据库等。其优点是存储密度高、存取快、识别和提取易于实现自动化。缺点是须借助计算机设备，不灵活。

6. 数字化型

数字化型文献是指以电子方式或机读方式生产和发行并通过电子计算机输出设备和在网络视频终端上显示出来的文献。这包括20世纪七八十年代建立起来的计算机联机检索系统，如美国的DIOALOG、欧洲共同体的ESA和德国的STN等联机系统，也包括Internet、WWW网络信息资源。

（二）按文献的出版形式和内容划分

按文献的出版形式和内容不同，文献可分为图书、期刊、报纸、特种文献（科技报告、会议文献、专利文献、标准文献、学位论文、政府出版物、产品样本资料和技术档案）等。

1. 图书

图书指以印刷方式或其他方式单本刊行的出版物。包括专著、汇编本、多卷本、丛书等。联合国教科文组织将图书定义为："至少有48页的非期刊型出版物。"图书是记录和保存知识、表达思想、传播信息的最基本手段。图书是一种重要的信息来源，其特点是内容比较系统、全面、成熟、可靠，是系统掌握各学科知识的基本文献。但图书的出版周期较长，知识的新颖性不够。

图书按其用途分为阅读图书、参考工具书和检索用书。阅读图书包括教科书、专著、文集等；参考工具书包括字典、词典、百科全书、年鉴、手册等；检索用书包括以图书形式刊行的书目、题录、文摘等。图书的外部特征主要有：书名，编（著）者，出版者，出版地，出版年，版次，国际标准书号（ISBN）等。

2. 期刊

期刊又称杂志，是一种以印刷形式或其他形式逐次刊行的，通常有数字或年月顺序编号，并打算无限期地连续出版下去的出版物（ISO3297—1986）。广义的期刊包括一切定期刊行或不定期刊行的连续出版物。它有统一的名称，有连续年卷期号，版式、开本、篇幅都比较固定，登载多个著者的多篇文章。其特点是出版周期短，报道文献速度快，内容新颖，发行及影响面广，具有很强的连续性，能及时反映科学技术中的新成果、新水平、新动向。期刊按内容性质可分为学术性期刊、通报性期刊、技术性期刊、科普性期刊、动态性期刊、综述与述评性期刊和检索性期刊等类型。期刊的外部特征主要有：刊名，出版者，年卷（期）号，国际标准刊号（ISSN）等。

3. 报纸

报纸是指以刊载新闻和评论为主的出版周期较短的定期连续出版物。它有固定名称、刊期、开本。其特点是出版周期更短，传递信息更快，信息量更大，传播面更广，报道科技上的新成果和新发明更及时。报纸按内容分为时事政治类、科技类、商业类、文教类等。

4. 特种文献

特种文献是指出版发行和获取途径都比较特殊的科技文献。特种文献特色鲜明、内容广泛新颖、类型复杂多样、数量庞大,从不同角度反映了当今科学技术的发明创造、最新水平和发展动向,对生产和科学研究有重要的参考价值,是非常重要的信息源。特种文献主要包括以下几种类型:

第一,科技报告。科技报告是关于某项研究的阶段性进展总结报告或研究成果的正式报告。其特点是每篇报告单独成册,有机构名称与统一编号,内容专深具体,大多数与政府的研究活动、国防及尖端科技领域有关,有一定保密性。科技报告所报道的研究成果一般经过有关部门的审查和鉴定,所反映的技术内容较为成熟,数据较为详尽可靠,并且科技报告出版快,报道研究成果及时。因此,科技报告是一种重要的信息源。

第二,会议文献。会议文献是指在国内外各种学术会议上发表的论文、报告及其他有关资料,包括会前、会中和会后文献。会议文献一般都要经过学术机构严格地挑选,代表了某一学科领域的最新研究成就,反映该学科领域的最新研究水平和发展趋势。从以往的经验看,不少具有新见解、新发现的研究成果,首先是在会议上交流,然后才发表于报刊的。所以,会议文献是获取情报的一个重要来源,不论是公开发表的,或收于会议文集的,或既没发表又没收入文集的,均应注意收集和利用。

第三,专利文献。专利文献是指在专利申请、审批和加工、整理过程中所形成的一系列文献的总和,它包括专利说明书、专利申请书、专利文摘、专利分类表、专利索引和专利报道刊物等,其中以专利说明书及其报道、检索工具为主。专利文献具有编写格式统一、出版快、技术性强,实用性强并具有法律效力等特点。它是集技术、法律和经济于一体的带有后发性的一种重要文献。它是工程技术人员和产品设计人员的重要情报源,也是图书情报机构收藏不可缺少的文献。

第四,标准文献。标准文献主要指标准化工作的文件,包括经批准的在特定范围内须执行的规格、规则、技术要求等规范性文献及与标准化工作相关的文献。标准文献按使用范围可分为:国际标准、区域性标准、国家标准、专业标准和企业标准等五大类型。标准文献具有一定的法律约束力。其主要特征有:标准号,标准名称。由于科技不断进步,标准文献也会不断更新,故必须注意及时采选新的标准文献。

第五，学位论文。学位论文是高等学校、科研机构的毕业生、研究生为获取学位而撰写提交的学术论文。按学位不同又分学士论文、硕士论文和博士论文。学位论文的水平差异较大，但探讨的问题比较专一，硕士和博士论文具有一定的学术性、独创性、系统性和完整性，是情报价值较大的一次文献。学位论文属于非卖品，除少数能公开发表外，通常只保存在授予学位单位的图书馆。

第六，政府出版物。政府出版物是各国政府部门及其所属专门机构所颁发出版的文献，包括政府报告、政策法令、规章制度、会议纪要，以及调查统计资料等。政府出版物可分为行政性文件和科技性文件两大类。政府出版物对于了解各国的政治经济、科学技术的方针政策及其发展状况具有重要的意义，因此这类文献具有极高的权威性。一些国家（如美、英、日等国）对政府出版物都比较重视，不但设有专门的印刷出版机构，而且还编有专用的检索工具。

第七，产品样本资料。产品样本资料是指国内外生产厂商或经销商为推销产品而印发的免费赠给消费者的资料。其主要包括产品目录、产品样本、产品说明书、产品手册等。通过这些产品文献可以较全面地了解产品的性能、构造原理、用途、操作方法等，所反映的技术比较成熟，数据比较可靠，并有较多的外观照片、结构图，直观性强，出版发行迅速。产品样本资料是经贸流通领域不可缺少的宣传资料，对企业进行产品设计、改造和引进等具有重要参考价值。

第八，技术档案。技术档案是指在生产或科研活动中形成的有具体工程和研究对象的技术文件的总称，内容包括任务书、协议书、技术指标、审批文件、研究计划、方案大纲、技术措施、调查材料、设计资料、试验和工艺记录等。这些材料是企业生产建设和科研工作中用以积累经验、吸取教训和提高质量的重要依据。技术档案具有一定的保密性，一般为内部控制使用，不公开出版发行。一个国家的全部科学技术档案是一个国家科学技术储备和科学技术资源占有情况的反映，是一种重要的情报源。

（三）按文献的加工深度和内容性质划分

按文献的加工深度和内容性质可将文献划分为零次文献、一次文献、二次文献和三次文献。

1. 零次文献

零次文献是一种特殊形式的情报信息源，是指未经刊载或未经公开交流的最原始的文献，如私人笔记、试验记录、设计草图、论文草稿、书信等，在内容上有一定的价值，是一次文献的素材。

2. 一次文献

一次文献是指作者直接以本人的生产、科研、社会活动等实践经验为依据生产出来的文献，也常被称为原始文献。其所记载的知识、信息比较新颖、具体、详尽。一次文献在整个文献中是数量最大、种类最多、所包括的新鲜内容最多、使用最广、影响最大的文献，如期刊论文、专利文献、科技报告、会议录、学位论文等，这些文献具有创新性、实用性和学术性等明显特征，所以它能直接在科研、教学、生产、设计中起到参考和借鉴作用，具有较高的理论价值和应用价值。

3. 二次文献

二次文献是指将大量分散、零乱、无序的一次文献进行搜集、提炼、浓缩、加工、整理，并按照一定的逻辑顺序和科学体系加以编排存储，使之系统化，以便于检索利用而产生的文献。其主要类型有目录、题录、文摘、索引等，如《中文科技资料目录》《中国科技期刊数据库》等。二次文献具有明显的汇集性、系统性和可检索性，它汇集的不是一次文献本身，而是某个特定范围的一次文献线索。它对于提高一次文献利用率起到非常重要的作用。

4. 三次文献

三次文献是指利用二次文献查得一次文献，并根据特定的需求和目的，对其内容进行深入分析、研究、对比、综合、评述，概括而撰写的文献。属于这类文献的有综述、评论、评述、百科全书、年鉴等，其特点是文字精练、叙述简明扼要，具有系统性、综合性、知识性和工具性等特点。三次文献是对现有成果加以评论、综述并预测其发展趋势，因此具有较高的实用价值。

文献的出现既是人类思想和智慧的结晶，更是人类文化的宝贵遗产。由于文献是记录、积累、交流、传播和继承知识、信息的最有效手段，是人类社会活动获取情报的最基本、最主要的信息来源，因此文献成为采访工作的主要对象和物质基础。

第三节　文献载体演变与文献传播

一、文献载体的演变过程

（一）天然载体阶段

最原始的信息交流方式是以语言和身体语言来完成的。此后，是结绳记事、用刻木的方法来记事等。结绳、刻木，这些还不是正式的文献，而是走向正式文献的过渡阶段，是文献的雏形。

文字符号的产生与发展使文字记录成为可能。文字必须承载在一定的物质载体上才能进行传播。而人们最初使用的文献载体是复杂多样的。公元前4000年前，苏美尔人将黏土做成板状，在其干硬之前，用木棒、芦苇秆等在泥土上画出楔形文字，这就是泥版文献。公元前4世纪以前，羊皮纸在欧洲成了最实用的书写材料。而我国最早的文献形态是甲骨文献，它是用刀刻在龟甲或兽的肩胛骨上，主要在殷商时期，称为"殷商甲骨"。以后发展演进到青铜铭文（主要用于周期）、刻石、简牍、帛书等文献。

从传播的类型和方式来看，这个时期主要是通过发布官方文稿和政治组织的形式来实现的，即这个时期的文献传播都是一种单向的直接的人际传播。

（二）纸质文献阶段

公元105年，蔡伦研究用树皮、麻头及蔽布、渔网做纸，此种纸称为"蔡侯纸"。此纸既适于书写和大量生产，又便于传播和交流，于是成为公认的最佳文字记录载体，在与竹简、缣帛共存了一个漫长时间之后，最终以其优势取代其他载体，成为唯一的书写材料。

公元11世纪时中国发明了活字印刷术，公元1450年，德国金匠古登堡发明了活字印刷机印刷书籍。印刷术的发明与应用，使文献传播进入新的历史时期。以纸为载体的文献，记录方式由手工抄写发展到活字印刷再发展到目前的电子排版印刷。由于纸的应用，使文献的传播范围、方式得到很大改变。

纸质文献早期还是以手抄为主，西汉末年出现了"书肆"（书籍铺子），出现了以给别人抄书为职业的人——"佣书人"。在唐代前后，我国相继出现了拓石和雕版印刷术；北宋庆历年间（1041—1048年），毕昇发明的胶泥活字印刷术出现后，又相继出现了木活字、铜活字以及西洋传入的铅活字印刷术。印刷术的使用推广，不仅大大缩短了文献制作周期，增加了文献的复本量和总数量，而且使文献生产由手工转入机械化、工业化，使印刷成本大幅度下降，为文献的大规模传播创造了条件。

纸质文献的传递与交流，从纵向上来看，是对以前知识文化的继承和发扬；从横向上来看，是同时代，不同国家、不同地域人们相互交流思想的工具。随着社会发展，文献交流活动实现得更充分，文献的社会功能越发体现出来。

该阶段中，传播渠道由原来的人际传播转向了公共渠道、市场渠道传播，图书馆、档案馆、文献情报中心作为公共传播的中介，进行着文献的收集、整理、传递。

从文献传播方式上看，此时已经从原来单一的人际传播方式进入组织传播和城市传播方式。

（三）电子文献阶段

电子文献是借助计算机技术记录、储存、传递、检索和浏览信息的，以光盘、磁盘或其他电子形式存在的文献。

从文献的各要素来看，首先，电子文献也是记录信息的载体，存储一定的知识内容。其次，它是通过计算机技术记录、储存、传递、检索和浏览信息、知识的文献，即这种文献记录和传播声音、符号和图像的手段是通过计算机这一特殊的技术设施来完成的；它以电子形式存在，是以计算机可读的磁盘、光盘形式，或是以其他硬盘、网络等电子形式存在的文献。电子文件、电子出版物、网上文献、网上资料、网上出版物统称为电子文献。

电子文献时期信息量呈几何级数增长，文献传播渠道已由单一的纸质文献传播发展到集声频、视频于一体的多元媒体的传播。市场渠道中出现了依托网络进行编辑、出版、发行、销售的新系统。

从传播类型上看，电子文献时期实现了文献的双向传播，并根据自身的优势，继续向前发展。

二、文献传播的方式

文献传播的宗旨，是要在第一时间内将文献传递到尽可能多的使用者手中，或者说尽快让社会公众共享到最新的文献资料。文献从传播者（文献生产者）开始传递到受传者（文献用户），作为一个传播过程，其间将遇到时间、空间、语言等多方面的限制。为了克服这些限制，文献传播会采取不同的方法和形式，从而形成多种传播方式。

从某种意义上讲，传播方式决定于文献载体和传播技术。因此，各种传播方式之间没有绝对的优劣。随着目前正处于快速成长期的文献信息网络传播技术的进一步完善，它们之间的区别将逐渐模糊。下面简介三种传播方式的各自特点及其适应性。

（一）直接传播

直接传播是指文献生产者直接向受传者传递文献的传播方式，赠送著作和书信往复是两种直接传播最常见的形式。在古代印刷技术没有大规模使用的手写传播时代，文献出版机构或销售服务中介尚未形成，文献生产者往往将自己的著作抄录若干部直接分赠师友。据记载，三国时魏文帝曹丕曾"以素书所著《典论》及诗赋饷孙权，又以纸写一通与张昭"。素书，即将文字书写于白色的生绢上。书信往复作为一种直接传播的形式，主要是指师友间通过书信探讨学术问题，交流学术见解。现存古人别集中常能发现较多的与友人论学书一类的篇目，这正是我国古代师友讲论的治学传统在传播上的反映。传播速度较快而传播范围较小是直接传播的基本特点。进入印刷传播时代，甚至当今印刷传播与电子传播方式并存的时代，上述直接传播的方式还存在，但主要局限于较小的范围如学术界、文艺界等，而社会文献传播的主流方式则由中介传播逐渐取代。

（二）中介传播

中介传播是指文献通过发行系统（各级各类书店、报刊邮发系统）、图书馆等中介机构进行传播的方式。它的产生有着两个重要的前提，一是印刷技术大规模应用并不断发展，促使出版行业和相应的发行系统逐渐发育健全；二是在文献生产量快速增长和社会利用文献需求不断扩大的刺激下，出现大型文献典藏服务机构如图书馆、档案馆、文献情报中心等。与直接传播相比，中介传播的基本特点就是它的社会性。这一特点集中体现在中介机构传播服务的对象和范围上。图书馆和各类书店的服务对象都是社会公众，所有文献用户都可以在其中享受文献传播的服务：随意方便地借阅或选购各类图书文献。同时，图书馆和书店在地域上分布极广，文献一经出版机构出版后，即能较快地通过这些中介机构传播到各地文献用户手中。

从文献传播迅速、高效、全面的要求来衡量，中介传播尚存在不足。首先是各地各类中介机构收藏或经营的文献品种和数量不平衡，其次是很多图书馆的特藏文献有种种借阅上的限制，传播不畅，造成传播上的薄弱地区和薄弱环节。依赖现代传播技术的进步得以发展起来的转换传播，正在逐步解决中介传播所存在的这些不足。

（三）转换传播

转换传播，主要指文献载体的转换。例如，利用先进的信息存储技术，将纸质载体上的信息转换为计算机可读的信息，记录在磁性载体（磁盘等）或光学载体（光盘）上，以求得大容量、高速度的传播。自文献产生之日起，人类就孜孜不倦地追求实现这样一个目标：寻找一种能够记录和保存尽可能多的文献信息的理想载体，以求得在更大范围内方便地进行传播，使文献资源最大程度地实现共享。磁盘、光盘等高密度存储载体和互联网的成功开发，使人类更接近自己的目标。

磁盘、光盘等高密度存储载体在存取和传播方面具有纸质载体无法比拟的优点。目前世界各国的文献典藏服务机构都十分重视转换传播，努力把馆藏研究级、特色化的印刷型文献转换为由磁盘、光盘、网络等组成的电子文献系统。我国国家图书馆设有光盘信息中心，上海图书馆设有信息处理中心和系统网络中心，全盘负责处理馆藏文献转换传播工作。随着转换传播在社会文献传播中所占比重的不断增加，传统的文献提供和获取方式将发生革命性的变化，文献资源的社会共享也将在越来越大的范围内实现。

三、文献传播的主要特点

（一）超时空性

文字发明以前，人们主要是通过身体语言和口头交流来传递思想和情感。文字的发明，最初不是用来作为传播信息的一种手段，而是用来记载宗教及社会生活中的一些重大事件，以辅助人们记忆，知识到了后来，文字的作用逐步扩大，它不仅辅助记忆，更重要的是传播思想。文字记载在一定的载体上成为文献，文献的主要基本功能就是记录，它可以不受时间和空间的限制来进行信息交流。交流可以分为同时代的共时交流和不同时代的历时交流，文献传播（文献交流）也有共时和历时传播。

文献的共时传播是指文献在同时代的人中间进行传递、交换和共享，是空间意义上的横向扩散的过程。在文献从传播者流动到受众的过程中，没有中间传播环节的，我们可称之为直接传播；反之，我们称之为间接传播，这和信息交流中的直接交流和间接交流相似。文献的历时传播是指不同时代人中间的文献交流过程。文献具有累积性和继承性，通过文献的历时传播，前人文献中的知识价值才充分体现出来。文献即时传播是指通过现代信息技术进行文献的传递和共享，传播者和受众之间空间距离和时间差缩小到最低程度的传播方式。实质上即时传播也属于共时传播，不过即时传播有着不同于共时传播的特点。即时传播使得传播者和受众在同一时间进行文献交流，双方的角色不断地转换。

（二）间接性

文献传播是受众通过文献阅读与作者进行交流，具有间接性。口头传播是一种直接信息交流，文献传播属于间接信息交流。作者经过严密思维，通过符号来表达出来，信息接受者很难准确把握作者的意图。早期的文献传播主要是靠抄写，这就造成了众多的讹误。新的载体丰富了文献传播，音视频文献更接近于口头直接传播。网络文献传播是一种新的传播方式，使接受者获取更加方便快捷，但是仍然具有间接性。另外，由于网络文献信息内容、种类庞杂，审核机制还不健全，所以质量也参差不齐。

(三) 多样性

起初文献主要是通过垂直渠道来传递的，如通过师生来传递。后来出现了书肆，即买书的市场。印刷术的应用增加了书籍的复本量，方便了文献的需求。随着社会发展，出现了近代为公众信息需求服务的公共图书馆，人们更大程度上获得所需文献。如今，各种文献信息机构相继出现，文献交流的渠道更加多样化。尤其是近年来"开放存取（OpenAccess）运动"的开展，任何研究人员可以在任何时间地点不受经济状况的影响平等地获取和使用学术成果，改变了人们获取学术信息的方式。

从古代到现今，文献是人们实现信息交流的工具，古代文献更偏重记录功能，而今天的文献更注重它的交流功能。文献的形态在不断变化，从过去的以甲骨、青铜器、石头和简牍、丝帛为载体的文献，到以纸为载体的印刷型文献，还有缩微文献等都可称之为实体文献，电子文献是一种没有固定形态的文献形式，但文献传播的实质没有改变，是对文献知识内容的传递交流，实现文献信息、知识价值。

第七章
中国文献学与文献史研究

第一节 中国文献学与文献史概述

一、中国文献学研究
（一）文献学的基本内容

文献学家王欣夫认为："广义的文献学是无法在课堂上讲授的"，所以，我们现在要学的"文献学"，就要"掌握怎样来认识、运用、处理、接受文献的方法"。① 所以，王氏把文献学定为：目录、版本、校雠。这三方面本来是一体不分先后的，但是，"从学习的程序来说，应该先知道有什么书，就要翻查目录。得到了书，要知道有什么刻本和什么刻本比较可靠，就要检查版本。有了可靠的版本，然后再做研究工作，于是需要懂得怎样来校雠"。② 张舜徽先生《中国文献学》的排列是版本、校勘、目录，次序稍有不同，但基本内容是一样的。

1. 目录学

现代学者都认为最早提出"目录"一词的是汉代刘向、刘歆父子，刘歆将群书分成六类，每类做一说明，然后将书目排列，称为"一略"，在"六略"之外，另编学术源流综述一种置于篇首，名《辑略》，总称《七略》。后来，"班固的《汉书·艺文志》，以刘氏《七略》为蓝本，也分成六类，每一类作了一个说明，无异于一篇学术源流考"。③ 但是有些学者认为目录没有独立成

---

① 王欣夫. 文献学讲义[M]. 上海：上海古籍出版社，2007：3.
② 王欣夫. 文献学讲义[M]. 上海：上海古籍出版社，2007：4.
③ 曹伯韩. 国学常识[M]. 北京：中华书局，2010：57.

为一门学科的价值，它只是校雠的结果，应该隶属于校雠学，如清代章学诚、当代张舜徽都持此说。章学诚的《校雠通义》就被认为是"我国古典目录学专著中最重要的一部"①，所谓"辨章学术，考镜源流"就是章氏在这本书的"自序"里提出来的，他的书讲的就是这三个方面，但大多数学者还是认为目录学是一个学科。

最早用"目录学"作为一种学科并指出其重要性的是清代王鸣盛。他说："目录之学，学中第一要紧事。必从此问涂，方得其门而入。"②按王欣夫先生的定义：目录学的基本体例包括考作者的行事、时代、学术。具体编订时有四个方面：加叙述，记版本，录序跋，撰提要。就第四种说，提要之作，最有用，也最不易。③如《四库全书总目提要》就是一个典范，目录学的种类有很多，如史家目录、补史目录、官家目录、私家目录、地方著述目录和专科分类目录等。

为什么要懂目录学呢？因为中国古籍浩如烟海，我们没有博览群书的可能和必要，所以要懂得选择有用而且精彩的读，要选择就须懂得图书分类方法。张之洞在《书目答问》里说："泛滥无归，终身无得；得门而入，事半功倍。"近代以来研究目录学的人渐渐多起来，成为一门单独学科。最著名的有汪国垣（辟疆）的《目录学研究》，余嘉锡的《目录学发微》，姚名达的《中国目录学史》，吕绍虞的《中国目录学史稿》等。

2. 版本学

版本学就是研究历代版本的学问。从原始书籍的载体形态来说，"版"是指简牍，"本"则源于缣帛，合两者就是书册的意思。版本学也是源于刘向父子的校书，他们需要广集众本，进行校雠。但是，版本两字连为一词源于宋代，是作为雕版印刷图书的专称得到广泛使用的，后来"版本"所指的范围越加扩大，泛指雕版印刷以前的简策、帛和纸的写本，以及雕版印刷以后的各种拓本、石印本、影印本、活字本。这样，版本从大类分有拓本、写本、影印本、刻本、抄本、批校本等。刻本从时代分，有宋刻本、元刻本、明清刻本；

---

① 王重民. 校雠通义通解[M]. 上海：上海古籍出版社，1987：1.
② 王鸣盛. 十七史商榷·卷一[M]. 上海：上海书店，2005：1.
③ 王欣夫. 文献学讲义[M]. 上海：上海古籍出版社，2007：27.

从刻本性质来源分有官刻、私刻；从刻本的质量分有善本（精刊精校）与普通本的区别。版本学就是研究这些内容的。读书要选择好的版本，就要具备这方面知识。有关版本的专书有清末民初孙毓修的《中国雕版源流考》、叶德辉的《书林清话》、钱基博的《版本通义》；1949年以后比较有名的有毛春翔的《古书版本常谈》、魏隐儒的《中国古代印刷史》、王金雨的《古籍版本鉴定丛谈》、施廷镛的《中国古籍版本概要》等。

3. 校雠学

校雠学有广义和狭义之分。广义的校雠学包括校勘学、版本学、目录学三个方面，它的任务是搜集各类图书，辨别真伪，考订谬误，厘定部次。章学诚的《校雠通义》就是这方面的代表著作。狭义的校雠学就是校勘学。"校雠"一词的原义即刘向在《别录》里所说的："一人读书，校其上下，得谬误，为校；一人持本，若怨家相对，为雠。"这里的"校"就是现在的校对，拿一个本子从上到下仔细检查核对；这里的"雠"就是两人拿不同的本子对勘，犹如两个仇家相对，这样容易发现错误。

读古书为什么要讲校勘学？古书年代久远，由于各种原因一定会有舛误，古人刻书或抄录，或有意或无意，都会使书籍中内容发生和原著有出入的情况，导致读者理解文意有误，所以需要对古书进行校勘。文件越古，传写的次数越多，错误的机会也越多。校勘学的任务是要改正这些传写的错误，恢复一个文件的本来面目，或使它和原本相差最微。校勘学的工作有三个主要的成分：一是发现错误，二是改正，三是证明所改不误。

校勘学包含了考订文字及事实、辑补佚文等工作。校勘古书的人必须通文字学、训诂学、音韵学，校勘家有不同的派别，"赏鉴家是用死校法的，这是一派；校雠家是用活校法的，这又是一派"。[①] 所谓"死校"，就是以此本校彼本，根据原本，一字一句、一点一画照录而不改，虽有误字，必存原本；所谓"活校"，就是根据群书改其误字，补其阙文，有时还需利用其他刻本，择善而从。在清代，黄丕烈属于前者，卢文弨、孙星衍属于后者。

公认为校雠（勘）先驱的也是刘氏父子。汉晋郑玄、高诱、荀勖、束皙，

---

① 王欣夫. 文献学讲义[M]. 上海：上海古籍出版社，2007：179.

南北朝颜之推、唐代的陆德明、宋代的黄伯思、洪兴祖、郑樵、明代的胡应麟等，都是历史上有名的校雠学家。清代朴学盛行，校雠学成为一种"显学"，最有名的是顾炎武的《九经误字》阮元的《十三经注疏校勘记》、王引之的《经义述闻》、俞樾的《群经平议》《诸子平议》。清代出现了许多校雠家，比较著名的如戴震、卢文弨、顾千里等。民国以后有名的校勘学著作有陈垣的《校勘学释例》，钱玄的《校勘学》等。

（二）文献学研究方法

关于文献学的方法论研究是文献学理论研究的一个重要方面，本书从以下几个方面对文献学的研究方法进行了思考：

1. 文献学研究方法的重要性

学科要兴旺，学术研究要活跃，研究成果要丰硕，就要重视和运用科学的研究方法。科学的研究方法是研究者开启科学大门的钥匙，是人们认识未知世界、探索真理、发现新现象、提出新理论的手段，又是运用智慧的技巧，揭示科学之谜的艺术。研究方法的重要性在于它可以给科学研究提供科学的方法和途径，是取得成功的重要条件。科学发展史证明，任何一门科学的理论研究和应用研究，只有应用科学的研究方法，才能揭示事物的内在规律，建立起完善的科学体系。因此，只有当文献学的方法论研究成为它的理论和实践研究的支柱时，它才能成为科学的理论体系，才能称得上是一门成熟的学科目前，文献学研究方法已成了制约文献学发展的一个关键因素，所以说，更新文献学研究方法的观念，发展与当代文献学相适应的研究方法，探讨文献学研究方法论体系等，具有十分重要的意义。

2. 文献学的方法论体系

关于图书馆学方法论体系的相关探讨很多，从"三层次说"到"四层次说"甚至到"五层次说"都有人提出明确的观点和论述，而关于文献学方法论体系的论述却很少有人提及。借助于图书馆学方法论研究的相关成果，我们可以把文献学的研究方法划分为三个层次，即哲学方法、一般科学方法和具体科学方法。

文献学研究方法的最高层次还应该是哲学方法。它是哲学原理和思想在社会实践和科学研究中的应用，如马克思主义哲学方法、辩证唯物主义和历史唯物主义等，它对学科的发展研究有着普遍的指导意义。哲学方法是认识世界和改造世界的最一般的方法，在文献学研究中，哲学方法是其他一切方法的指导，虽然它不能作为和替代具体的解决实际问题的研究方法，但它的普遍原则和方法却具有至关重要的统帅作用与指导意义。文献学的许多问题都可以说属于哲学方法的范畴，例如，关于研究现象问题、研究目的问题等。缺乏哲学方法作指导，研究工作很难取得突破。运用哲学方法，必须运用哲学的思维来思考文献学研究中具有普遍和特殊性的问题，促进研究工作的逐步深入。

文献学研究方法的中间层次是一般科学方法。一般科学方法是从各门学科的专门方法中总结、概括出来的，它不是某一门学科所特有的，它适用于各门学科，是各门学科研究方法不可缺少的部分。它可以直接应用于文献学研究，但有一定的局限性，必须从实际出发来加以认真的选择和分析。文献学的一般研究方法主要有：数学方法、历史方法、分类法、移植法、比较法等。

文献学方法的最低层次是具体科学方法。具体科学方法是从事具体的某一学科的研究工作中所经常使用的方法。具体的研究方法是哲学层次的方法应用于实践的具体表现，它具有一定的专业特点，非常适用于某一学科的研究。具体和一般只是相对来说的，文献学的具体研究方法是一般方法和其他学科方法的选择与融合，它主要有：调查法、统计法、文献计量法、引文分析法、文献内容分析法、时间分段法等。

3. 文献学方法论研究中的注意问题

第一，正确处理文献学研究中定性方法和定量方法的关系。方法是开展科学研究的基础，数学方法对科学发展的巨大推动作用是毋庸置疑的，因此把数学的定量方法部分地引入文献学研究的部分课题，无疑是正确的，如文献的集中与分散规律、文献的半衰期理论等都是运用数学的定量方法研究的结果，但是，在大量应用数学方法从事文献学研究中，还要注意不能使数学方法"泛化"。一方面，由于本身知识结构的局限，有些研究者对数学方法理解还不透彻，不能熟练掌握。另一方面，也出现了不顾文献学研究对象的特点，一味地盲从，刻意追求定量研究的方法，在诸如文献流通、文献评价等领域有片面运用量化方法的倾向。在从事文献学研究时，一定要密切结合文献学的发展状况，科学地运用定性和定量相结合的方法，也只有这样，才能把文献学方法论的研究推入理性的、科学的研究轨道。

第二，分清研究方法与工作方法的区别。工作方法指一般操作技术，处理实际事务的本领；而研究方法则指一般的思维方式，理性思考的角度，解决抽象问题的手段和途径。将研究方法作为对象去进行专门研究，就是一般意义上的科学方法论。文献工作是指人们为了解决自己科研、生产中以及生活中的各种问题，围绕文献开展一系列的活动。它包括文献的生产、搜集、加工、整理、管理、处理、转换、控制、流通、检索、利用、分析研究等诸方面。中国文献学历史悠久，自有文献开始，文献工作就从未间断过。在历代大量的官府和私家文献整理的实践基础上，一些专家学者对有关的经验和方法进行了归纳总结。在从事文献工作的过程中，我们用到最多的就是文献整理的方法，如：目录、版本、校勘、辑佚、注释、翻译等，现代文献工作也使文摘法、分类法、检索法等工作方法得到了更新和发展，但这些工作方法和研究方法是有区别的。

第三，注意吸收借鉴相关学科的研究成果。按照辩证法的观点，文献学和其相关学科是既相矛盾又相统一的。当代科学的发展既高度分化又高度综合，不断产生边缘学科。因此，文献学方法论研究的发展也要符合这个趋势。相关学科的方法论研究成果可以被文献学运用，而文献学的方法论研究成果又可以被其他的学科加以利用。文献学可以借助于其他学科来丰富和强壮自己。借用相关学科的新理论、新方法、新技术来促进文献学研究方法的快速发展。现代意义上的文献学已经和古代的文献学有了很大的不同。文献的类型也多种多样，从甲骨、金石、简帛、纸张、光盘、网络等样样俱全，由于文献学研究对象的复杂性和多变性，靠传统文献学研究方法是远远不够的，还需要文献学的分支学科和相关学科形成的学科群来联合攻关、协同作战。现代文献学在近半个世纪发展如此之快，正是由于利用了其他相关学科如电子计算机技术、现代通信技术、光学技术、缩微技术等的成果所带来的结果。文献学的发展与其研究方法的演进是分不开的，除了传统的调查研究方法外，又根据研究任务的需要，采取系统方法、数学方法、历史方法、逻辑推理方法和比较研究方法等。其中不少方法是从相关学科中借用、移植过来的。这方面的工作也还处于探索发展阶段，还需我们进行深入的研究和实践。

近些年来，现代科技已经广泛渗透到社会的各个领域，也深刻地影响着文献及文献活动的各个方面。这就给文献学研究提供了良好的技术条件并增加了许多崭新的内容，使文献学研究和文献工作呈现出新的面貌。最为显著的是网络信息资源和现代化的信息工作技术的出现与广泛应用，使文献资源的环境和文献工作模式改变，这必然要求文献学研究方法要随之更新。研究者们开始注意大量引进其他学科的研究方法和学术成果，多角度探讨文献学基础理论体系，把文献学方法论问题的研究引向深入，力求在相关理论研究上取得实质性突破，我们相信，文献学领域将会产生大量的新的研究方法，同时其他学科的研究方法也会更多地运用到文献学研究中，我国文献学研究将会在方法论的研究上更加丰富，体系上更加完善。

二、中国文献史研究

文献学的一项重要课题是把文献放入历史过程中去考察文献的发展历史和规律，探究文献发展、兴衰与历史诸因素之间的关系。具体考察中国文献史研究的内容，大约由如下几方面组成：第一，文献的发展过程，内容包括文献物质形态的发展过程，文献编作、流传、收藏方式的发展过程及文献类别与内容的演变。第二，影响文献发展的各种因素，如历史上的政治、学术、宗教、科技、经济等对文献发展都有很大的影响作用。第三，文献发展过程中的文献整理与揭示，文献整理与揭示的发展过程，就是文献在发展中不断完善和不断被利用的过程；第四，文献发展的阶段性与规律性。

然而，对文献史研究者来说，他所面临的首要问题则是文献发展的阶段性，亦即文献史分期问题。目前，我们还缺少对这一问题的探讨。但在图书史研究的领域内，关于图书史的分期的讨论，已有了初步的开展，这可为文献史的分期研究提供借鉴。

刘国钧先生在《中国书史简编》中，依据图书的物质形式，即生产方法的变化，将中国图书的发展过程分为四个大时期；一是从远古到公元1世纪末（远古到东汉初年）纸发明之前的时期。二是从公元2世纪到8世纪（东汉初期到唐代中叶）印刷术发明前的写本卷轴时期。三是从9世纪到19世纪中叶（唐代末叶到清代鸦片战争）印刷术发明后手工业印刷术时期；这个时期又可分为两个阶段：①印刷术发生和逐渐普及时期（从唐代中叶到南宋末）；手工业印刷术的发展时期（从元代初期到鸦片战争）。四是从19世纪中叶（鸦片战争以后）到现在机械化印刷术时期。这个时期又可分为三个阶段；①19世纪中叶到"五四运动"（旧民主主义革命）时期；②从"五四运动"到中华人民共和国成立（新民主主义革命）时期；③中华人民共和国成立以后（社会主义建设）时期。

皮高品的《中国图书史纲》，根据历史学理论，将图书发展分为五大阶段：①原始社会——图书产生前文字的发生和发展阶段；②奴隶社会——中国图书的产生和发展阶段（公元前—公元2世纪）；③封建社会——纸的发明到雕版印刷发明到铅印输入时期（公元2世纪—6世纪—19世纪）。④半殖民地半封建社会——旧民主主义和新民主主义革命时期（1840—1919—1949年）。⑤社会主义社会——经济恢复时期和"一五"计划时期（1949—1957年）的图书和出版事业。

郑如斯和肖东发编著的《中国书史》将中国书史分为六个阶段：①图书事业的萌芽和奠基时期（公元前21世纪到公元2世纪）；②图书事业的初兴和发展时期（公元2世纪到公元9世纪）；③图书事业的壮大和兴盛时期（从9世纪到19世纪）；④图书事业的应时与改革时期（1840年到1919年）；⑤图书事业的转变和斗争时期（1919年到1949年）；⑥图书事业的繁荣和创新时期（1949年10月至今）。该书作者认为："书史分期的依据，是对图书的内容、形式、作用三方面的综合考虑。但是，由于图书的内容和社会作用的情况较为复杂，不易把握，而图书的物质形态，即由文字符号、物质载体和制作工艺技术等要素决定的书籍制度，更能反映图书的阶段性变化。所以我们就把图书的形态作为书史分期的主要依据。"作者的这一观点与书史分期方法与刘国钧的观点基本上是一致的。

谢灼华先生主编的《中国图书和图书馆史》一书，将我国图书和图书馆的发展，分为四个阶段叙述。这四个阶段是：①简帛书时期的图书和藏书（商—两汉）；②写本书时期的图书和藏书（魏晋—隋唐五代）；③印本书时期的图书和藏书（宋—清中叶）；④机械印刷时期的书刊和图书馆（1840—1949年）。不难看出，上述分期也是以书籍制度为其依据的。

来新夏等著的《中国古代图书事业史》，对中国图书事业史的分期，也是以图书形态发展的特点作为分期的主要标志的。以这样的标志为依据，将中国古代图书事业史分为五个阶段：①图书事业的创始阶段——周、秦；②图书事业的兴起阶段——两汉、魏晋南北朝；③图书事业的发展阶段——隋唐五代；④图书事业的兴盛阶段——宋、辽、夏、金、元；⑤图书事业的全盛阶段——明清。

图书是文献的主体部分，图书发展的阶段性基本上可以代表文献发展的阶段性。研究图书发展的阶段性，首先要确立图书发展的标志是什么，然后才可依据某一标志对图书发展的阶段性进行划分。标志图书发展的因素有多方面，如某一时期图书著作量的增长、图书类别的增多、图书物质形式（书籍制度）的变化等。因此，划分图书发展的阶段应以其主要标志，亦即从实质上表明图书发展的标志为依据，以上各家图书阶段划分法基本上都是以图书的物质形式为主要标志，来作为划分图书阶段的依据。值得注意的是，图书物质形式的变化不可以从实质上来表明图书的发展。

文献著作量的变化应是文献发展阶段性划分的主要依据，某一时期文献著作量的增损则是这一时期文献是否发展的主要标志。文献物质形式的变化不能从实质上表明文献发展了，而新文献的增长则正从实质上表明了文献的发展，新文献的增长速度标志着文献发展的进度，可以说，文献发展的过程就是新文献不断增长的过程。因此，依据中国历代文献著作量的情况，就可对中国文献发展的阶段性作出一个基本的描述。根据《中国历代著作统计表》，可以将中国文献自远古至1949年的发展过程分为如下几个阶段：①中国文献形成时期，公元前2世纪以前。②中国文献成长时期，公元前2世纪至2世纪末。③中国文献发展时期，3世纪初至13世纪中。④中国文献中衰时期，13世纪中至14世纪中。⑤中国文献再发展时期，14世纪中至19世纪末。⑥中国文献昌盛的开端，20世纪初至20世纪中（这一阶段时间较短，把它称为一个时期不太合适，故以"开端"名之）。

从上述文献发展的各阶段看，中国文献发展的进程并不是一致的，这正是由于各个阶段新文献增长的不平衡，为什么各个阶段文献增长显现出不平衡现象呢？这我们只能从时代的大背景中去寻求答案，也只有在这种探寻中，我们可以把握文献发展的一些规律性因素。

第二节 中国文献发展的规律及特点

中国文献起源很早，如果从商代的甲骨文献算起，距今已有3500多年的历史了。在漫长的人类历史演变过程中，中国文献经历了从初级到高级的缓慢发展阶段。寻觅中国文献发展的历史轨迹，我们可以发现，中国文献源远流长、历史悠久，从内容上看承前启后、博大精深，从形式上看不断更新、日臻完美。它不仅是中国人民勤劳智慧的历史见证，而且是人类文明发展的丰硕成果。综观中国文献的演变历程，我们还可以发现，中国文献从它的产生到它发展的各个历史阶段都存在着一种基本规律和独有特点，探究中国文献发展的规律及其特点，不仅是中国文献学研究领域的重要课题，而且对于我们正确把握中国文献的过去、现状，预测其未来发展趋势具有十分重要的意义。

一、中国文献的形成

研究文献的形成必须注意两个方面的问题：即文献的内容与形式。文献的内容是指反映人们表达思想、交流经验的知识；文献的形式是指表现内容的物质状态，包括记录符号、记录手段、记录载体和形制四个基本构成要素。刘国钧先生曾在《中国书史简编》一书中指出："如果只注意内容，那我们的研究就将是思想史、科学史，而不是图书史。如果只注意书籍的形式，那我们的研究将是技术史、工艺史，而不是图书史。"如何把握文献的内容和形式，时至今日，人们仍未找到公认的切合点。如在文献的定义上由于认识的差异和理解角度的不同因而产生了各种分歧，史学界学者注重于文献的内容，强调历史价值和科学价值；图书情报学界学者注重于文献的形式，强调记录的方式和形制，虽然各界学者在阐述自己的理论观点时都考虑到文献内容与形式的关系问题，但在文献的定义上仍然留下各自认识事物所产生不同出发点的烙印。

尽管如此，人们对文献是内容和形式的统一体的观点还是倾向一致的。那么，文献是怎样形成的呢？孙钦善先生认为："应该说用文字记载的文献，

第七章 中国文献学与文献史研究

是与文字同时产生、相随发展的，但见于历史记载的，也只能追溯到夏商时代。"[①] 这就是说文献的形成滥觞于文字的产生。但是，文字的产生远比文献的形成要早，而且远古时期用文字记载的文献有很多已经绝迹，无从考究，我们现在也只能从考古发现的文字记载来研究文献的形成。由此可见，文字是构成文献的必要条件，有了文字，才有文字记载，也才有文献的形成。在文字发明以前，人类交流思想和传播知识，除了用语言、表情、手势等自然表达方式外，还有结绳、刻木等记事方式。但是，结绳、刻木本身都不是文字，文字是由图画演变而来的。因此，无论是耳闻口传，还是结绳刻木记事，都不是人类积累知识、传播文化的最佳方式，只有通过文字记载的文献才能繁衍人类的文明。

从现有史料来看，中国文献形成的雏形可以追溯到商代。《尚书·多士》说："惟殷先人，有册有典"，这里的"册""典"，可以理解为用竹木制作的用文字记载的简策，也可理解为记载了文字并积累起来的甲骨；既可称之为典籍，也可称之为文献。那么，构成中国文献的物质形态应包括四个方面：第一是记录知识的符号，如图形、文字、代码、声频、视频等；第二是有记录知识的手段，如手刻、缮写、印刷、光感、磁化等；第三是有记录知识的载体，如龟甲、兽骨、青铜、石头、简牍、缣帛、纸张、磁带、光盘、胶片等；第四是有呈现知识的形态，即表现知识内容的形制。之所以把刻在龟甲、兽骨上的文字记录称为甲骨文献，就是因为甲骨上有较严密规律的文字系统，有反映当时社会文化的知识内容，龟甲、兽骨经过粗加工后具有一种传播知识的形制。否则，在地上写，在树上刻，即使是有比较系统的文字，也只能称为事实的记录，而不能当作文献。文献的基本功能应当是积累、保存、传播。当然，中国文献的形成从雏形到今天的高级形态并非一蹴而就，而是在漫长的历史演变阶段逐步发展的，并且在各个不同的发展阶段和时期都呈现出一种基本的发展规律和特点。

[①] 孙钦善. 中国古文献学史（全二册）[M]. 北京：中华书局，1999：42.

二、中国文献发展的规律

文献的发展有着自身的规律，在不同的历史阶段，文献的发展并不平衡，它要受到政治、经济、文化、科学诸多因素的影响和制约，从文献的产量看时多时少、起伏跌宕，从文献的内容看重复交叉，真伪共存，从文献的形态看载体纷呈、类型多彩。但是，文献就其自身发展而言，总是朝着不断丰富、日臻完善的发展趋势运行。程磊从文献内容重复交叉的角度谈到文献类型演变规律，一是文献类型的互相依赖规律，二是文献类型的共同发展规律。[①] 杨晓骏从考察所有文献客体的发展、变革的历史，揭示出文献发展的五个基本规律：①自然与人工规律；②淘汰与继承规律；③功能与结构规律；④进化与分化规律；⑤共生与统一规律。[②] 那么，中国文献发展的规律是什么呢？我们不妨从中国文献发展的演变过程作些探讨：

（一）增长和老化规律

如前所述，我们研究文献的发展不能把文献的内容与形式割裂开来研究，内容是文献的实质，形式是文献内容的表现，内容与形式的统一体才是文献的完整体系。远古时期，人类由于刚刚脱胎于愚昧时代，人们只能用简单的文字刻写在龟甲兽骨上，以此作为相互交流思想、传播知识的工具。随着社会的发展、人类的进步，这种原始的文献交流方式逐渐不能满足人们日益增长知识程度的需要，简单的文字表达不出人们细微的思维，粗制的文献载体不便知识的传播。试想，要反映某一时期人类的社会状况，需要多少龟甲兽骨片？因此，旧的甲骨文献开始逐步老化，而反映新知识、运用新载体的新型文献逐步增长，从甲骨文献到简牍文献，从纸张文献到今天的电子文献，在文献形式上，新型载体在不断替换旧型载体；在文献内容上，新知识在不断更新旧知识。换句话说，旧文献在不断老化，新文献在不断增大，这就是中国文献发展的增长和老化规律。

（二）保存和共享规律

所谓保存，这是文献积累知识的需要。但是，这种保存并不一定是指对

---

① 程磊·关于文献类型演变规律的研究 [J]. 图书情报工作，1991（3）：11-14.
② 杨晓骏·论文献发展的基本规律 [J]. 中国图书馆学报，1996（3）：16-19，23·

文献载体的保存，而是对文献内容的保存。任何一种文献载体都不可能永存于世，而文献的内容则可以从一种载体转化到另一种载体，以致无穷转化，长久保存。人们之所以在文物与文献这两个不同概念上还有些混淆不清，其原因就是过分地强调了文献的物质形态。笔者认为，过去某一时期的文献其内容可以转化到今天的新型文献体上，即所谓"新瓶装旧酒"；其载体则根据不同情况或作文物或作文献。例如：972年银雀山汉墓出土的竹简兵书中的《孙子兵法》残简共二百余简，在当时来说无疑是一种竹简文献，但在今天来说，《孙子兵法》的内容已翻拍成新的文献载体，那么，原来记载《孙子兵法》的竹简载体从今天研究的角度更有价值的是它的文物性，它可以使我们窥见这个写本的大致面貌，而我们研究《孙子兵法》的内容只会从已转化的新型载体上去研究，不再从原来竹简载体上去探讨。因此，文献的保存从历史发展的角度看主要是文献的内容，而不是文献载体的本身。

所谓共享，这是文献交流和传播的需要。人们利用文献的方式表达思想、传播知识、交流经验、保存文化，目的只有一个，就是达到文献资源共享。如果某个人写的东西只供自己独享，那么这个东西只能是其本人的思想记录，而不能称之文献，因为它体现不出文献的价值。所谓文献价值，简单地说，就是指文献对人的需要的满足，文献的价值只能在人类共享中实现。谢灼华先生认为"文献发展的社会条件之一是使社会成员获得精神财富，因而促使社会成员生产、利用和保存文献，这样，文献就得以不断延续和发展。"[1] 科学的进步不断丰富文献的内涵，文献的传播又不断促进科学的进步，如果文献不被社会所利用，脱离了社会的需要，就谈不上文献的生产，更谈不上文献的发展。

中国文献发展的保存和共享规律揭示了中国文献从形成到各个历史阶段过程中的内在必然联系，它不仅是中国文献发展的客观规律，而且是世界各国文献的普遍规律，认识这条规律，有助于我们更好地了解中国古代藏书楼、现代图书馆的功能实质，预测文献资源全球性共享的发展趋势。

（三）进化和分化规律

文献的进化包括两层含义：一是文献内容的进化，二是文献物质形态的进

---

[1] 谢灼华.文献与社会[J].武汉大学学报（哲社版），1994（4）：108–114.

化。文献内容的进化实质上就是人类认识世界、改造世界的观念进化，因为文献的内容是反映人类在认识世界、改造世界过程中的知识结晶，而这种获得知识的过程又是一种由浅入深的过程。例如：人类对物质世界的认识层次在宏观上已达到二百亿光年的遥远星系，在微观上已深入到基本粒子的质子、夸克的更深的世界。人类科学的进化反映到文献的内容里，也就是文献内容的进化。文献物质形态的进化，是指文献的形式由初级阶段到比较高级阶段再到更高级阶段发展过程，例如，从甲骨文献到简牍文献，从纸质文献到电子文献，文献所记载的内容越来越丰富，文献所生产和利用的手段越来越先进，这就是文献物质形态的进化。

文献的分化也有内容和形式两方面的含义：从内容上看，各种学科相互交叉渗透，一个母学科又可以分化成若干个子学科，如我们研究的文献学，现在又分化成文献社会学、文献计量学、文献传播学、文献类型学、文献编纂学、文献阅读学、古典文献学、专科文献学等许多分支学科。从文献的物质形态上看，同一种内容的文献可以分化成不同的文献类型，如某一篇学术论文在期刊上发表成为期刊文献，被收录图书论文集成为图书文献，被转制学术光盘成为光盘文献。文献的分化导致文献内容上的重复交叉、形式上的载体纷呈。

文献的进化和分化规律是中国文献由低级到高级、由简单到复杂不断发展的一条基本规律，它能使我们认识到文献演化的实质是人类社会对文献需求的必然结果。

（四）共存和互补规律

一种新型文献载体的出现，并不意味以前旧型文献载体的消失，虽然新的文献载体终究要代替旧的文献载体，但是在一个相当长的历史阶段，它们还会共生存、互为补充。从中国文献发展的历程，我们不难看出，自从公元103年蔡伦发明了造纸后，纸的价格低廉，质地轻软，易于书写的性能日渐得到体现。但是，在纸作为书写材料的一个相当长的时期内，纸质载体并没有完全取代简帛载体。公元二至三世纪之间，纸和简、帛作为文献载体同时并用，在东汉时期简和帛还是书籍文献的主要材料，魏晋以后，尽管纸书渐多，但政府公牍仍以简为主。即使到了现代，虽然国外有学者预言到21世纪末将会出现无纸系统，传统的纸质文献将会被数字式文献、电视图像或它们的组合所代替，但是，21世纪末已经临近，纸质文献非但没有消失，相反用于文献载体的纸张生产量还呈现上升势头。当然，现代电子文献具有重量轻、体积小、存贮信息量大、周期短、传递快、原料广、价格廉、易于复制和保存等优点，但纸质文献也具有阅读方便、操作简单、历史悠久、符合人们利用的习惯等优点。应该说，这两种类型的载体文献互有优劣、相互补充，在中国文献发展演变过程中，就是遵循文献这条共存和互补规律发展至今的。

三、中国文献发展的特点

在分析中国文献发展的基本规律之后，我们再来探讨中国文献发展的特点，对于把握中国文献发展的清晰脉络是十分有意义的。文献作为一种社会现象，它既不纯属物质形态的范畴，也不纯属精神形态的范畴，而是特质形态与精神形态的统一体。没有一定的知识内容不能称其为文献，同样没有一定物质形式的表现也构成不了文献。因此，我们研究中国文献发展的特点必须围绕文献内容与形式的两个方面来进行探讨。

（一）从文献内容来看

1. 知识性

知识是人们在改造世界的实践中所获得的认识和经验的总结，文献是人类知识的客观反映，知识性是文献的内核。在漫长的人类社会实践中，人们创造和积累了丰富的知识，有了知识才有表达和利用知识的需要，为了延长人脑的记忆功能和交流知识，因而就产生了文献。无论是远古时期初级状态的文献，还是今天飞速发达高级状态的文献，都在不同程度上反映了各个历史阶段人类的知识水平。尽管人们对改造世界的认识程度不尽一致，但都必须经过条理化和系统化成为知识后，才能成为文献的内容。人类的发展，科学的进步是知识的产生源，知识的积累和丰富是文献发展的重要因素，同样，文献的发展又是社会进步的推动力。无论从哪一角度讲，任何文献的发展都具有知识性的特点，因此，知识的更新直接影响文献发展的进程。

2. 时代性

文献发展的时代性是文献发展的重要性，不同的历史阶段，文献发展的水平是不均衡的。文献的发展由于受各个时代政治、经济、文化、科学等因素的制约，文献的生产必然要受到时代的限制，因而文献的产生具有鲜明的时代烙印。从中国文献发展的历程可以看出，西周甲骨文献反映的是殷周关系、殷周战争和殷周文化以及先秦天文、历法、数学、医学、畜牧业等方面内容的知识，以后各个不同时代的文献都在不同程度上反映了那个时代的社会状况和时代特征。王余光先生根据《中国历代著作统计表》，将中国文献自远古至1949的发展过程分为六个阶段：①中国文献形成时期，公元前2世纪以前；②中国文献成长时期，公元前2世纪至2世纪末；③中国文献发展时期，3世纪初至13世纪中；④中国文献中衰时期，13世纪中至4世纪中；⑤中国文献再发展时期，4世纪中至19世纪末；⑥中国文献昌盛的开端，20世纪初至20世纪中。这六个不同时期的划分基本上勾勒出中国文献发展的时代性特点。

3. 联系性

知识在于积累，人们对客观世界的认识是一个由低级到高级、由简单到复杂的发展过程，既使以前的认识是错误的，也可以通过实践—认识—再实践—再认识的发展过程，直至正确地认识世界。人们只有借鉴前人、继承前人的研究成果，并通过实践和理论思维，才能有所发现、有所创造。

文献是知识的记录，文献的发展也就是知识的发展，知识的继承性也就是文献发展的联系性特点。辩证唯物主义认为，联系是事物的关系，是指一切事物、现象、过程之间及其内部诸要素之间的相互影响、相互作用、相互制约和相互转化。没有联系就没有发展，我们如果把文献的发展分隔开来看，就会犯形而上学的错误。中国文献发展到今天也就是各个历史阶段相互制约、相互转化，由低级到高级、由简单到复杂的相互联系的发展过程。

4. 阶级性

在阶级社会里，文献的发展具有明显的阶级性特点。文献的内容是社会状况的反映，统治者为维护自身的统治利益，必然对文献的发展进行一定的制约，无论是哪一个生产的文献，都必须为这个时代的政治需要服务，即便是过去时代生产的文献，只要违背统治阶级的利益，文献的发展就要遭受厄运。例如：隋朝的牛弘提出图书有"五厄"：①秦始皇三十四年（前213年）焚书；②汉末王莽之乱，宫室图书并以焚毁；③东汉末年，献帝移都，董卓之乱，典籍荡然无存；④西晋秘阁藏书二万九千余卷，尽毁于"八王之乱"（291—

306年）；⑤南北朝时永嘉之乱（311年）后，北方长期动乱，一毁于"侯景之乱"，再毁于周师入郢，七万多卷典籍毁于一旦！明朝胡应麟接牛弘之说，补论"十厄"：⑥隋朝藏书盛于开皇，不久毁于杨广之手；⑦唐朝藏书盛于开元，不久毁于"安史之乱"（755年）；⑧唐后期，肃代二宗荐加纠集，唐末战乱，复致荡然；⑨宋朝图书，一盛于庆历（1041—1048），再盛于宣和（1119—1125年），而遭女真"靖康之灾"（1126年）；⑩南宋图书，一盛于淳熙（1174—1189年），再盛于嘉定（1208—1124年），而遭蒙古骑兵"绍定之祸"（1231年）。由此可见，中国文献发展的阶级性特点对中国文献发展的影响。

（二）从文献形式来看

1. 工艺性

任何一个时期的文献制作，其形制都十分讲究，就连初级阶段的甲骨文献也是如此。如在凤雏发现的甲骨文献，除对龟甲、兽骨进行了粗略加工外，其文字书体严整、谨饬、潇洒、飘逸，直笔刀法刚劲有力，圆笔运用自如。到了现代社会，随着科学技术的进步中国文献制作的工艺性特点更是表现突出，文献的装帧美观大方，排版整齐协调，正文图文并茂，给人一种赏心悦目的美感。

2. 技术性

从中国文献发展的过程可以看到，一个时代文献制作的技术水平大大超过前一个时代，从刀刻到书写，从转抄到印刷，从对载体取材的粗略加工到精工细作，从贮藏文献的汗牛充栋到文献信息的高密度存贮，其技术性越来越高，取材越来越广，性价比越来越高。

3. 实用性

在纸质文献产生以前，由于文献载体笨重，生产手段落后、信息含量低，人们利用文献费时费力，很不方便，自从纸质文献出现以后，人们不仅携带方便，而且随时随地都可以阅读。从文献所载的知识内容含量看，纸质文献远比过去简牍文献要丰富得多，特别是电子文献的出现，其信息知识含量更是惊人。一张高密度的软磁盘可以存放50万个汉字，一张容量为650MB的光盘可以容纳300册100万字的书刊。

4. 广泛性

在中国的古代社会，不仅文献的生产要受到统治阶级的制约，而且文献的利用也是为统治者所享有，即使能在民间享用的文献也为数不多，民间自行生产的文献数量也不多，而民间生产的文献能够保存下来的则更是为数极少了。所以，古代社会收藏文献的地方只能称为藏书楼，与近代文献收藏的图书馆比较是有区别的。随着人类社会的发展，文献的生产和利用越来越广泛，虽然文献的发展仍然有受到统治阶级的制约，但文献资源不再是为少数人所享用，除了某些保密性的文献，一般文献都能为大众共享。特别是到了现代社会，在网络环境运行下，中国文献资源和世界各国文献资源正呈现出全球性共享的发展趋势。这就是中国文献发展的广泛性特点。

第三节 计算机与文献的生产和检索

一、计算机与文献生产

文献是人类智慧的结晶。人类不断生产文献，又不断利用文献。文献的生产与利用相互促进，生生不息，推动着社会精神文明和物质文明的进步。

文献的生产，人体可分为两个过程：原生文献的生产和再生文献的生产。

作者把自己的知识、经验、学术观点或艺术创作固化在一定的载体上，形成初始文稿，这就是原生文献。这个过程，就是原生文献的生产过程。

对原生文献进行编辑加工，用印刷或其他方式投入批量生产，使原生文献大量再生，这便是再生文献的生产过程。

计算机技术的应用，使原生文献和再生文献的生产都面貌一新。

（一）计算机与原生文献的生产

在计算机普及以前，原生文献的生产方式历来是用笔在纸上写稿、改稿。作者在方格稿纸上写稿之举，被戏称为"爬格子"。而现在，许多作者学会计算机操作，用键盘作"笔"，用显示屏作"纸"，直接在计算机上输入，从而形成电子文本。原生文献的生产工具变了，生产方式也变了。

用计算机写稿，优点很多，具体如下：

第七章 中国文献学与文献史研究

第一，便于修改加工，增删字句或移动段落顷刻可就。修改以后，计算机会自动将文章排列得整整齐齐。这实在令饱尝誊稿之苦的文化人惊喜不已。

第二，可以根据自己的意图设定排版格式（字体、字号、字距、行距等），在家里打印成预想的样子。不必再像过去那样在原稿上作烦琐的格式批注，求助于他人排印。

第三，电脑把写好的稿子一篇篇井然有序地贮存好。日后要找出哪篇加工、打印，或是汇编成册，或是复制多份，都易如反掌。

第四，如果作者建立了数据库，或购置与本专业有关的数据库，就可以边写稿边调阅数据库资料，使电脑兼有资料室和"秘书"的功能。

第五，如果电脑已上网，既可以在写稿时参考网上的文献资料，又可以在投稿时利用网络把稿件传输给报刊编辑部。编辑部也欢迎作者这样做，因为这比邮寄快捷，并可省却他们录入之劳。

（二）计算机与再生文献的生产

再生文献的生产，在我国历史上大体走了四个时期。一是手工抄写时期，自上古至唐代，绵延数千年。汉魏时期出现的"佣书"，就是专以抄书为业的人。二是雕版印刷时期，萌芽于唐，大盛于宋元，直至清末，达千年之久。三是铅活字印刷时期，从19世纪西方印刷术传入中国至20世纪70年代，前后百余年。四是从20世纪80年代开始，计算机技术进入我国的出版领域，铅活字印刷逐渐萎缩。

计算机技术应用于文献的再生产，又可分为两个阶段：

其一：生产过程的计算机化——由"热排"变为"冷排"。过去铅印的工艺流程，有熔铅、铸字、浇版等热操作，被称为"热排"。印刷工人在"铅与火"的环境中工作，既辛苦，效率又低。20世纪80年代以来，我国图书、报刊的编辑出版陆续采用电子照排技术：用计算机录入文稿、设计版面，用激光印字机印刷校样，用激光照排机拍摄胶片，然后制版胶印。作业过程完全排除了"铅与火"，被称为"冷排"。"冷排"的工作环境舒适、整洁，效率大幅度提高。以报纸的编排为例：过去铅字排版，一个熟练工人每小时最多排3000来字；现在用计算机排字，每小时可达6000字以上。过去拼一块新闻版，要三四个人忙上两个半小时；现在一个操作员大约用45分钟即可。

其二：最终产品的计算机化——由"印刷型"变为"机读型"，即电子出版物。

二、计算机文献检索

（一）计算机文献检索的必备条件

利用计算机进行文献检索（简称"机检"），有三个必备条件：①硬件，即计算机主机及配套使用的各种外围设备；②软件，包括系统软件和应用软件；③数据库。数据库（DB），又叫机读数据库，是按一定方式组织起来的，由计算机存贮和读取的一批数据。其载体有磁带、磁盘、光盘等。

假如我们把硬件比作图书馆的馆舍，把软件比作图书馆的规章制度和管理人员，那么，数据库就好比是图书馆里装满图书的一间间书库。没有藏书，不成其为图书馆，不能供读者查阅资料；没有数据库，亦无法建立计算机文献检索系统，不能进行机检。可以说，数据库是机检的生命线。

（二）数据库的类型

数据库有不同的类型，各有不同的用途，现简介如下：

第一，目录数据库（又称书目数据库），提供图书、论文的线索，也就是计算机化的书目、索引、文摘。如中国国家图书馆等单位研制的《中国国家书目光盘》、上海图书馆研制的《中文社科报刊篇名数据库》等。

第二，事实数据库，提供人物生平、机构状况等基本事实，如中国科技信息研究所研制的《中国科研机构数据库》（CSI）、《中国科技名人数据库》（WHOSWHO）等。

第三，数值数据库，提供统计资料、数据等，如国家物价局价格信息中心的《农产品集市贸易价格行情数据库》，美国预测公司的《世界经济统计数据》《世界经济预测》等。

第四，全文数据库，提供文献的原文。严格意义的全文数据库，可进行全文检索。如中国社科院文学所的《全唐诗》数据库，北京鲁迅博物馆的《鲁迅全集》数据库，清华大学的《中国学术期刊（光盘版）》（CAJ—CD）等。

在上述四种类型中，事实数据库和数值数据库有时难舍难分，所以有些学者主张把两者合并，称"事实数值数据库"，或将数值数据库纳入事实数据库之中。

了解我国数据库建设的情况，可参考《中国数据库大全》（国家计划委员会等编，中国计划出版社1996年版）。

（三）单机检索与联机检索

用购买或租借的方式配置数据库，在一台计算机上独自建立文献检索系统，称单机检索。单机检索系统的拥有者可以是一个单位，也可以是个人。随着微机和光盘的普及，单机检索日渐增多，其特点是自由、直接、便捷。但个人或一个单位拥有的数据库毕竟数量有限，获取新信息不如联机检索及时。

联机检索，即利用通信线路将众多终端与一个或多个计算机文献检索系统相连接，以达到数据库资源共享的目的。规模有大有小，可以是远程的联机检索，也可以是本地、本部门的联机检索。主机的数据库不断更新，所有终端都可以及时获得新信息。

（四）国际联机检索

所谓国际联机检索，就是用户利用终端设备，通过通信网络与国外联机检索系统的中央计算机进行人机对话，从对方的数据库中查找所需要的文献资料。

国际联机检索起步于20世纪60年代中期，蓬勃发展于70年代。目前世界上较大的联机检索系统有100多个，著名的有美国的DIALOG系统、ORBIT系统，欧洲的ESA-IRS系统等。每个系统都拥有数量众多的数据库，数据不断更新。

我国开展国际联机检索业务始于20世纪80年代。1980年，我国建工总局等几个部委联合在香港设置了国际联机检索终端，与美国DIA¬LOG和ORBIT系统连接，1981年正式开始为我国用户服务。接着，我国一些大学、文献信息机构陆续设置了国际联机检索终端。据《人民日报》1992年9月16日报道，我国在50多个城市设立了180多台国际终端，与国外DIALOG等21个大型信息系统连接，可随时检索全世界2000多个数据库的信息。国际联机检索是要收费的，包括电信费、联机系统使用费、数据库使用费，价格较昂贵。

关于国际联机检索的具体方法，已有许多专书可以参考，如我国南开大学出版社出版的《国际联机检索概论》，美国盖尔公司出版的《联机数据库检索服务指南》之类，这里不作介绍。

自1994年我国正式加入因特网之后，上网的单位和个人急剧增多，网络检索已进入家庭。国际联机检索系统和因特网的结构有所不同，组织信息的方式也有区别。"国际联机"是集中式结构，绝大多数系统由专人维护，定期更新信息，而且文献信息经过专业人员加工标引，学科针对性强。而因特网是网络的网络，呈分布式结构，处于"无政府"状态，信息良莠不齐。在因特网上，WWW采用超文本的方式组织信息，方便灵活，有交叉联想的优点，但专指性差，用户获得的信息往往缺乏系统性。

"国际联机"与因特网又有密切的联系。这主要体现在：有不少国际联机检索数据库系统已开设了与因特网的接口（如DIALOG系统、STN系统等），它们都有用WWW方式做的主页。用户可以通过因特网访问DIALOG、STN等系统的数据库（多数数据库要收费）。问题是，因特网线路繁忙，"行路难"现象严重，连接不稳定，检索占用的机时长，费用大。而"国际联机"是通过网络专线或电话线检索的，直接、省时、干扰少。因此，行家建议，已经与DIALOG、STN等系统相连的用户，没有必要切断已有的专线连接。同时，要注意因特网上有许多"免费信息"，应充分利用。

第四节　从文献史、书籍史到文献文化史

20世纪中期以降，西方史学界关于文献、图书特别是印刷书的社会、文化研究——"书籍史"逐渐兴盛，并成为一个专门的领域。近年来，以"书籍史"的方法视角对中国古代文献图书史进行研究，也成为海外汉学的热点之一。中国本土学术界对此一直予以密切的关注，并在近年来渐次展开此新领域的探讨。但相关研究始终不能超越中国学术固有传统的文献研究和一般意义上的"专史"研究如文献史、书史、出版史、印刷史、藏书史的层面，"书籍史"的新观念并未得到明确，"文献""书籍""出版""印刷"等概念的内涵始终未能得到统一，"文献史""出版史""书籍史""书籍文化""出版文化"等领域之间的精确的界线至今晦涩不明，真正意义上的以社会、文化视角为主导的"书籍史"研究仍然相对沉寂，与传统文献史、图书史、印刷出版

史等领域研究的持续发展形成鲜明的对照。

某种学术状况的存在不一定是合理的，但一定是具有自身内在原因的。由此我们必然要思考的是：本土学术中这种自成系统的文献、图书研究具有什么样的"内在理路"及其强大惯性，从而使新方法、新视角的引入发生某种观念上的歧义和实践中的困惑？或者，中国学术在借鉴西方书籍史观照视野的过程中，是否未能充分反思研究对象——中国古代文献、书籍的客观属性，以至于没有提出适合于这种对象属性的新问题？

显然，对上述现象及内在原因的认真思考首先在于梳理中国自有的传统，并由此回到我们的对象本身中，去发现其所以区别于他物的独特不变的本性。它将不仅有助于借鉴新的方法，加深对既有问题的思考，而且能够促使我们开辟真正富有意义的问题领域，最终获得卓有成效的研究结果。

一、传统文献研究的属性与"文献史"研究

中国是文献昌盛的国度[①]，这缘于其崇尚经验的农业文化传统、文字和书面语的早熟以及载籍技术的不断进步。文献是精神成果的书写和物质化集成，所以文献发达与中国文明的发展延续，二位一体，不可分割。中国古代学者很早就意识到文献的重要性，始终予以高度关注。这种关注主要表现在两个方面：一是视文献为知识、思想、学术的代名词，文献的进化历程，即是知识、思想、学术的发展过程；整理文献即整理学术，研究文献即研究学术。二是以文献作为思想知识及学术的载体，欲对其内容进行研究，首先必须对载体本身予以考证，以奠定内容研究的学理基础。

第一个方面表现为经典形成以后一以贯之的阐释传统。这种阐释在清乾嘉以后尤其生发成为一种反思视角，即章学诚所谓"辨章学术，考镜源流"。其核心，如余英时指出的，是"厘清古今著作的源流，进而探文史的义理，最后由文史以明'道'。"[②] 毫无疑问，它属于一种逐渐发展完善的中国学术独有

---

① 这里所谓'文献'，取现代语义，指知识思想的书写记录及其载体。实际上，古典语境中的"文献"虽然是一个合成词（"史传之实录"与"先儒之绪言"），并具有包括一切典章制度在内的广义内涵，但"典章制度"等无非赖于书写而得到历史的传承，因此"文献"仍然偏重"书写记录及其载体"的狭义指向。

② 余英时. 论戴震与章学诚[M]. 北京：三联书店，2000：160.

的研究方法和观照视角，具有内在合理性。

第二个方面即清以降所谓目录版本校勘之学（今谓文献学或校雠学）。尽管不可避免地以文献历史描述为基础，同时也必然涉及文献的内容，但文献学或校雠学在根本上仍属于学术研究的基础性工作。目录学之实质，无论是从《七略》到《四库全书总目》的编目实践，还是郑樵、祁承㸁、姚振宗的目录条例归纳，总体上约略等同于西方近现代学术所形成的 historical bibliography、descriptive bibliography 及 analytical bibliography 的综合。[①] 而版本学的核心意义是揭示版本源流，版本源流的考察建立在版本实证的基础之上，客观目的仍是为学术研究服务。文本校勘则旨在解决文献文本长期流传以后所产生的文字讹误，力求恢复原始的文本，亦属于学术研究的前提性工作。

同样，在西方学术系统中，一般意义上的文献研究原本亦属于狭义文献学或图书馆学范围，与书志学或目录学（Historical Bibliography）、文本校勘（Textual Criticism）并列。这种文献学以历史描述性目录、善本鉴定为内容的书志学为基础，旨在为"文本校勘"提供实证依据。总之，在中西学术中，目录学、版本学、校勘学、文献考证都是各种学术研究特别是文学、历史研究的基础。在这个意义上中西文献学具有相当的一致性。

无论是"辨章学术，考镜源流"的方法视角还是中西文献学目录描述、版本谱系和文本校勘的基础实证，都是就事论事，并不将文献作为一种整体观照对象。将古代文献本身视为客观历史现象而加以考察，我们姑且称之为"文献史"，与上述两种关注有所不同，属于近现代兴起的新史学研究。当然，如果推本原始，这种研究在中国渊源亦早。刘向歆父子主持进行的第一次大规模的校书，不仅意味着对文献本身研究的文献学的发端，也标志着对文献发展史整体观照的滥觞。班固《又书》取《七略》"以备篇籍"，开创出文献是历史组成部分的史学观念，也可以说就是文献史的真正起步。此后政府及私人藏书、校书，往往编有目录；隋唐以降的历代正史，均以经籍、艺文志纪存文献，传统一脉相承。另一方面，宋以后学术发展，学者的个案研究特别是清乾嘉时期兴起的主张考镜文献以明学术源流的文献观照视野，均既重文献校雠，亦重文

[①] 目录学的学术研究入门导引和文献检索功用，是其中低一级层面的问题。

献历史。在郑樵《通志》艺文、校雠略、胡应麟《经籍会通》《四部正讹》、章学诚《文史通义》《校雠通义》等著作中，文献总体的发展历程，始终是立论的背景。尤其值得一提的是章学诚的例子：章氏具体的修史实践，表现在他对地方志编纂的体例探讨上，与戴震惟重地理沿革不同，十分强调对一方文献发展的记录"考古固宜详慎，不得已而势不两全，无宁重文献而轻沿革耳。"（章学诚《章氏遗书》卷十四《记与戴东原论修志》）在章学诚看来，文献的历史可以取代行政沿革而成为地方史的重要内容。此是对历代正史皆重文献记录的进一步发展，将文献史提到了一个相当高的地位。

尽管如此，古代的文献史观念仍然是不自觉的。中古以后的"史志目录"主要是以档案材料（国家藏书目录）的编辑为主要形式，它与各种整理性、考辨性的目录在总体上的做法基本相似。辑录体《文献通考·经籍考》和大、小序、提要俱全的《四库全书总目》集目录编纂之大成，或"先以四代史志列其目，其存于近世而可考者，则采诸家书目所评，并旁搜史传文集杂说诗话，凡议论所及可以记其著作之本末，考其流传之真伪，订其文理之纯驳者，则具载焉"（马端临《文献通考》自序），或"叙作者之爵里，详典籍之源流……剖析条流，斠酌今古，辨章学术，高挹群言"[①]。所以，即使在这些目录中存在宏观性的历时总结，很大程度上也是以文献所承载的内容而不是文献本身作为历史考察的对象。简而论之，这种研究或者是一种学术史，或者仍从属于文献学。

中国真正意义上的文献史研究应该是从20世纪才真正开始。文献史并没有专门的名义，而常常以"书史""图书史"冠称，并以印刷史[②]、出版史为主要内容。每一种文献专门史研究又生发出各种分支。其中出版史中有偏重传统文献的"编纂史"与"藏书（典藏）史"（包括"图书馆史""散亡史"）等。晚近出土文献日多，以至于还有关注于早期简帛图书的各种专论及简史。

---

① 余嘉锡.四库提要辨证·序录[M].北京：中华书局，2007：48.
② 印刷史研究的相对独立还有一个特殊的原因。由于印刷术作为一种发明的重要性，又因为中西对印刷术的发明权、具体历史情状等存在着一定的不同意见，导致近现代研究予以高度重视。最早系统阐述这一问题的专门著作是卡特（T.F.Cart-e）《中国印刷术的发明和它的西传》，张秀民1958年撰写的《中国印刷术的发明及其影响》则是本土学者继起之作，三十年后（1989）又完成《中国印刷史》。同时在海外，钱存训为李约瑟《中国科学技术史》撰写《造纸与印刷》分册，在深度和广度上都将中国古代印刷史的研究推至一个新的水平。

另外，新史学专门史的出现导致各种分科学术史的产生，因此文献学也产生了文献学史，其各个分支如目录、校勘、版本、辑佚、辨伪之学，均各有史。

在根源上"文献史"是文献的重要意义以及重视经验的文化传统的延续和扩展。中国学术是一种经典阐释之学，无论是通过文字训诂、史地考证还是文献校雠，不外以明古代圣贤之"道"为旨归。中国古典传统不仅范围广大、历时弥久，而且五千年的历史构成一个整体，不像西方文化中的"希腊—罗马"表现出明显的"古典阶段"，而它的一切都承载于丰厚的文献之中。因此，尽管在西学冲击和政治干预下遭受了某种损害，但对文献本身的重视一直是中国学术的内在理路。

就中国学术的现代化转变的客观过程而言"文献史"又是20世纪新史学所主张的各种专门史的开拓结果。中西史学本来传统迥异，但在中国学术的现代化转变过程中史学却首当其冲，整个20世纪基本上以科学主义和唯物史观为主流，而这种史学观念的主要倾向之一就是对专门史的强调。

这种文献史如果采取广义的范围和宏观的视野，当然不可避免地涉及了社会与文化的内容。以当代学者所倡导的"出版史"为例：

其研究领域既有专业系统性，又有综合系统性。其研究内容主要可归纳为两个方面：其一是历史出版活动内部诸方面的联系；其二是出版事业与人类社会政治、经济、文化及科学技术等方面的相互联系。具体地说，研究并叙述出版事业形成、发展的历史条件和具体过程，记述历史上有重大贡献的编辑家、出版家在文化创造、文化积累、文化传播方面的业绩，记述各类型重要典籍编纂出版的过程，揭示编辑出版在社会历史文化形成中所起的作用，从而揭示出版事业发展的规律，是该学科的研究内容和研究任务。因此举凡文字的产生、图书的起源、编辑的萌芽、出版业的形成、著名出版家的业绩、图书的编纂著述、整理校勘、抄写印刷、装帧设计、形式制度、贸易发行、典藏保护、流通利用以及各朝代的编纂刻书机构、组织管理、法规制度、出版业的优良传统、经验教训等，都是出版史的研究内容。[①]

表面看来，这种研究具有将出版史、图书史的研究"与人类社会政治、经

---

① 肖东发．中国出版通史·先秦两汉卷[M]．北京：中国书籍出版社，2008：9-10．

济、文化及科学技术等方面相互联系"的初衷,其所涉及的具体问题特别是文字的产生、图书的起源、编辑的萌芽、出版业的形成、抄写印刷、贸易发行、流通利用等,以及主要研究方法如经济考察与计量统计等,亦和当初开辟"书籍史"的年鉴史学取径有相同之处。但就实际情况看,此一文献史研究仅仅关注文献或图书的外在发展和物质形态演进的历程,它仍导源于近代史学的"专门史"扩展,而非形成于当代文化史观念的变革。"专门史"的内在要求是尽量集中于各种历史事项的专门化描述,而不是进行意义的阐发,因此当它越来越集中于专题性的历史描述时,局限性就必然凸显出来。这种天生缺陷使此类研究不可能具备真正意义上的社会、文化视野。与此类似,西方传统文献史或书史的主导倾向同样是关于文献或书籍的"物质性"的历史描述,如书籍的制作生成,载体的历史进程,版本和异文状况等。尽管在传统文献史研究中也早已出现了关注"书"作为文化符号的历史亦即书的内容意义、传播、接受与评价、历史地位等的倾向,但在主观上仍然是不自觉的,并在很大程度上仅仅是作为文献历史描述的补充而存在的。

对文献特别是更加社会化的"书籍"予以更高层面的文化审视,在文化人类学所引发的"文化转向"思潮的大背景下,对文献尤其是更加社会化的"书籍"进行更高层面的文化审视,是年鉴史学发展中的一个重要趋势。特别是自20世纪80年代以来,'新文化史'的兴起,更是近现代世界范围内史学观念进步与变革的显著结果。毋庸讳言,尽管进化论人类学很早就传入中国并得到广泛的响应而导致"文化"思潮的出现,但由于本土语境的作用和政治的影响,整个20世纪后半叶中国并未与西方实现同步的转向。而近几十年来,史学观念虽然已有重大突破,但以线性时间为原则、以原始史料的科学实证分析为根本手段、重在进行历史描述、填补历史空白的传统史学仍然具有强大的存在的合理性,并未因史学的人类学转向(或"文化转向")和后现代发展而消减。更重要的是,由于"文献校雠之学"作为中国学术的内在方法,与中国史学传统和科学主义史学观念甚相契合,因而具有强大的力量,促使文献史及其种种专门史始终保持一贯的趋势。

二、"书籍史"的核心意义与海外中国书籍史研究

近代西方新史学诞生以来,特别是年鉴史学提倡社会、文化观照视野以后,开始出现以"社会""经济""文化"取代传统历史编纂学叙事关注的倾向。"新文化史"兴起后,各种文化现象诸如政治、知识思想、语言、性别、科学技术、物质、日常生活等都得到了前所未有的重视,"文献"特别是印刷书籍更加成为一项重要的反思对象。书籍史研究的开创著作公推法国年鉴派史学家费夫贺(Lucien Febvre)及马丁(Henri Jean Martin)所著《印刷书的诞生》(1958年出版),其研究的核心内容已经不局限于书籍印刷史本身,而是从宏观的角度试图解答印刷术的发明对整个欧洲历史究竟造成什么影响这一意义深远的问题。①《印刷书的诞生》开辟了此后各种书籍史如印刷品使用史、出版文化史、阅读实践史、写作文化史之先河。此后各种研究不断从多方面进行拓展,如唐·麦肯锡(Donald Francis McKenzie)率先从文本社会学的角度探讨书籍"形式"的社会意义,伊丽莎白·爱森斯坦(Elizabeth Eisenstein)明确指出印刷在欧洲近代史上的重要性。20世纪中期以后,广义历史研究的"文化转向"进一步明显,诸如图书阅读史、图书接受传播史、图书商品贸易史特别是图书对社会文化影响的研究成为一种重要的学术思潮,代表作如美国史学家罗伯特·达恩顿(Robert Danto)《启蒙运动的生意:〈百科全书〉出版史(1775—1800)》(The Business of Enlightenment: A Publishing History of the Encyclopedia),以18世纪狄德罗《百科全书》为个案,从出版过程及流通的角度,探讨了图书出版与启蒙运动的互动历史。罗伯特·达恩顿的突出贡献在于,他提出了"书的历史"的重要价值,将书籍的传播过程,视为理解思想、社会以及历史的最佳途径及策略。罗伯特·达恩顿认为,由法国历史学家开创的"书籍史"(Histoiredelivre)不同于图书馆学、目录学和版本学意义上的"图书史",而是一种典型的文化史观照。最近几十年,西方"书籍史"研究发展很快,在理论、方法及实践等各个方面都有很多新的建树。

---

① 涂丰恩. 明清书籍史的研究回顾[J]. 新史学, 2009, 20(1): 181-215.

第七章 中国文献学与文献史研究

在此观念背景下，海外汉学研究者借鉴书籍史的方法思路进行了中国书籍社会文化史研究的尝试，在他们看来，以往的中国"文献史"研究很少探索书籍的"文化"和印刷出版的"社会史"内容，亦即"印刷技术和出版结构影响印本书文化的方式；书籍作为商品、知识源泉、行业秘诀指导、娱乐、艺术品，对知识生活、社会互动、文人交流、文化、政治和科学知识的传播以及宗教信仰的作用"等。新的中国书籍史研究，就是要突破传统"文献校雠"思路和旧有的文献史及各种专门史的研究层面，进行上述诸方面的探讨。近二十年来，相关研究成果已颇为可观。这种观念和具体研究本身并无问题，但有一个重要的事实是：它们完全来自一种移植，而且是其借鉴之原——西方"书籍史"——的根本问题意识的直接产物。这一事实决定了西方汉学对于中国书籍史研究的贡献和局限。

西方"书籍史"的核心意义首先在于其独特的"问题"。费夫贺在《印刷书的诞生》序言中就开宗明义地指出，其书"无意编纂或重写一部印刷史"，所以"并不会冗长地解释印刷术的发明，也不会重复一些老生常谈，讨论某个国家在印刷领域的领先地位、某位印刷大师相较于其他同业的重要性、某人在印刷的出现上应居何功，或是最早的印刷品由来为何。"费夫贺所意图表达的是，欧洲印刷术的滥觞"不仅早过地理大发现，也早过地动说的提出"，在当时林林总总的根本变化里曾扮演过重要的角色，并进一步成为西方文明的推手。《印刷书的诞生》的目的，就是证明"印刷书乃是娴熟寰宇知识的最有效途径之一"。作者的一段目的性陈述非常重要：

（印刷书）将多位代表性思想家散布于各地的理念，荟萃于一处。它对研究的重大贡献，在于将某人研究的成果，直接传递予另一位研究者，并以省时、方便，既不费力也不昂贵的方式，将所有领域中最卓绝的创造精神，恒久地融于一炉……透过知识的汇聚，书籍仿佛为前述理念带来新生，为其注入无可匹敌的力量与活力。这些新理念不仅获致一以贯之的新轴心，并基于同样理由，得到改革与倡导的强大能量。在极短的时间内，新的概念传遍了全世界每一个语言不致造成隔阂的角落。书籍创造出思想的新习惯；这些习惯不独存在于博览群经者的小圈圈里，更远远地向外延伸，扩及每一个懂得思考的有智之士。①

而当代"书籍史"的重要实践者之一《启蒙运动的生意》作者罗伯特·达恩顿（Robert Darnton）则将研究的出发点直接定在了"把书籍理解为历史中的一股力量"，从而探寻这种力量是如何发生作用并具有怎样的意义。毫无疑问，这种问题意识决定了书籍史绝不仅是换个角度来看书的历史，也不仅是将描述性文献史、文献学（目录学、书志学、版本学）、文本校勘、思想研究、文学和美学研究等学科融为一体来扩展对书的研究。诚然"书籍史"的观照视野确实跳出了旧有束缚，而且作为一种文化审视，本身就带整体的、综合的、比较的特色，并仍然需要依托文献学、目录学、文献史的成果处理书籍整体生产传播过程中出现的种种历史事实，但它的根本特性仍不在上述方面"书籍史"的本质内涵与"书籍"这种既是物质的又是文化社会的现象的独特自性紧密相关，因为书籍记录、传播思想知识的重要性，同时其作为思想知识物质载体的客观事物，编纂、生产、复制、流传、接受等，又呈现出无比的复杂性，这种重要性和复杂性中便蕴藏着无穷的意义，而"书籍史"正是要探寻这种意义，并具体到这种意义的历史的和文化、社会的不同面貌。一言以蔽之，作为一种"新文化史"的实践，其目的在于通过围绕"书"的"交流循环"(Communication Circuit)来揭示事件背后我们的前人所经历和体验的人类生存状况，，探求和了解前人对"生活的意义"这一终极问题的回答。

"书籍史"的这一出发点必然导致两个倾向：第一是它着重探讨的是印刷书籍。因为就西方的历史来看，正是印刷术这一近代文明之母的发明，从而使书籍才具有了真正的推动人类进步的力量。事实也正是如此，西方"书籍史"已不必论，罗伯特·达恩顿直接将研究重点规定为谷腾堡发明活版印刷以后的阶段；②当海外中国学研究开始关注中国书籍史时，也似乎首先确定了一个概念前提，即所谓"书"（Book）只是印本，将宋以前的文献排除在研究对象之外。同时，又着重关注晚明和近代阶段。这当然有其内在合理性，因为虽然宋

---

① （法）费夫贺，（法）马尔坦著；李鸿志译.印刷书的诞生[M].桂林：广西师范大学出版社，2006：3.

② 罗伯特·达恩顿著；叶桐，顾杭译.启蒙运动的生意——《百科全书》出版史（1775—1800）[M].北京：三联书店，2005：1.

代出现了广泛的雕版印刷,但直至晚明才发生了较大规模的商业化出版,在世俗社会中发挥了巨大的影响,贾晋珠(LucilleChia)《为利而印:十一至十七世纪福建建阳的商业化出版者》是此方面研究的代表作品之一。晚清至20世纪初叶的近代中国,西方近代印刷技术传入以及印刷资本主义的出现,又导致产生某种出版革命,在中国近现代化的过程中作出了贡献。芮哲非(Christopher A. Reec)《谷腾堡在上海:中国印刷资本业的发展(1876—1937)》则是此类研究的典型。

"书籍史"问题意识所导致的第二个倾向是力求拓展书籍的"社会视角",亦即着重书籍的社会性意义,并以此作为阐释的中心。罗伯特·达恩顿研究《百科全书》这样一本书的"历史",直接关注的是:

启蒙运动这样伟大的思想运动是如何在社会中传播的?影响的深度和广度如何?贤哲的思想在物质化到书中时,采取何种形式?印刷品的物质基础和生产技术与它的主旨和传播有很大的关系吗?图书市场如何确定其功能?出版商、书商、推销员和文化传播中的其他媒介扮演什么角色?出版如何像生意那样运作?它如何适应革命前欧洲的经济和政治体制?问题可以层出不穷,因为书籍联系着极其广泛的人类活动——从捡破烂到传达上帝的声音的一切事。它们是匠人的产品、经济交换的物、观念之舟以及政治和宗教冲突的要素。[1]

基于此一对象认识,罗伯特·达恩顿特别强调"交流循环"就是顺理成章的了。所谓"交流循环"旨在强调书籍"编纂—生产—流通"这一过程中的各种参与者及其相关行为的重要性,通过这些重要的书籍的社会因素,揭示其如何发挥它们的历史"力量"。罗伯特·达恩顿的观念无疑是富于洞察力的,特别是就西方"启蒙时代"前后而言,书籍编纂、生产、流通已经成为一般社会的显著现象。由此,西方书籍史的社会内容非常丰富,如对投资的研究,对不同地区书籍销售情况的研究,对排字工及其社会地位的研究,对国家或王朝出版政策、出版管理的研究,对行业的研究,对出版宣传的研究,对作家、赞助人及公众的研究,对阅读与接受的研究等。

---

[1] 罗伯特·达恩顿著;叶桐,顾杭译.启蒙运动的生意——《百科全书》出版史(1775—1800)[M].北京:三联书店,2005:1.

崭新的问题意识决定了西方"书籍史"研究的意义与价值，但它必然也会决定了某种局限性，尤其是当此核心问题引入中国书籍史研究中，对象的不同就造就了局限性的更加凸显。就第一个倾向论，首先，中国文献历史悠久，即以社会化、流通化的书本或书籍——无论怎样苛刻的标准——而言，其产生时代至少也在春秋末期；作书鬻卖，绝非镂版而后可，简册和卷轴时代已经有相当广泛的书籍流通。®书写文献和社会化的书籍，远在印刷术发明以前，就不仅对思想文化发生影响，而且无时不在社会中发挥作用，并在形塑整体中华文化中扮演了重要的角色。其次，中国印本书籍的历史表现也具有较强的特殊性。正如海外书籍史研究者已经指出的，中国印本与写本的比重直到明末才有所变化，而即使是明末以后，抄写仍然是书籍获取的重要途径。写本在印刷术诞生发展以后虽然已不是书籍出版和社会流通的主体，但一直是文人阶层分享知识的主角之一。再次，印刷书籍对中国社会进步的推动作用固然是存在的，但并未导致革命性的变化亦即从古代社会向近代社会的转变。印刷出版在古代中国所形成的作用，诸如扩大知识团体的规模、提升民智、促进社会阶层的转化等，程度不仅有限，而且与西方印刷术所推动的文艺复兴、科学革命、政治变革和宗教改革的性质不可同日而语。印刷书生产促进社会出现革命性的变化，恰如芮哲非《谷腾堡在上海：中国印刷资本业的发展（1876—1937）》的立论基点，是晚清以降才发生的事情。实际上，西方研究者已经发现了一些令他们感到不解的事实：识字率并未因为印刷物的普及而得到实质性的提高；通俗白话也并不比浅显文言更容易被一般文化程度的人接受。这些事实正与上述情形相表里。最后可能也是最关键的，古代中国的商业化力量始终是有限的，即使是资本主义的萌芽因素或许也根本没有真正出现过。晚明以后与此前的古典时期相比较，质的方面并无变化。书籍生产也是如此，古代社会的书籍生产和明清时代的印刷商业，与近代印刷资本主义是完全不同的事情。如钱存训指出的："印刷在西方社会中，主要是一种营利事业，跟随工业革命而发展成为一种庞大的出版工业，是大众传播的主要媒体。而在中国传统社会中，印刷术的主要功能并非谋利，却含有一种强烈的道德观念。刻书对知识的传播和文化保存，认为是人生的一种美德，所谓'传先哲之精蕴，启后学之困蒙，亦利济之先务，积善之美谈。'尊重古代典籍是儒家思想的主要成分。"[1] 显然，资本主义的缺席，是早于欧洲近500年产生的中国印刷术不能取得重大的、革命性的影响的根本原因。

另外，明清时代民俗文化的兴起，并不意味着精英文化的式微。印刷术和书业商业化或许促进了大、小传统的融合，但绝未消除它们泾渭分明的界线。相反，区域文化发展的不平衡和方言的歧义，加之文字和书面语的难明，中国古代绝大多数民众仍然目不识丁或无法阅读，中国社会基本上还是以士人乡绅为主导。识字读书可以改变个人的命运，但无法改变社会的性质。同时，明中期以后民俗书籍的商业化生产固然汹涌澎湃，但至少在"权力话语"中仍然敌不过精英文献的庞大力量，并始终为其所排斥。"地域性"方面亦相类似：古代中国的地域性文献比如方言文献始终未能成为某种"力量"，"地方性知识"的发展积淀主要赖于口述传统而不是书面传统。

总之，海外研究将"书"局限于印本，或将"明清书籍史"与古代书籍史截然分开，并主要以印刷术以后的书籍为对象，忽略写本时代特别是经典发生时代的探讨，那么，对书籍作为历史中的一种力量的理解，至少就是不全面的。从另外一个意义层面论，商业化书籍和精英文献这两种力量，至少是发挥着同等的"知识力量"的作用，我们不能偏废其中任何一端。如果特别重视明清时代的商业化书籍史研究，而对中国社会始终存在的精英文献的编纂和非商业化出版关注不够，当然也就无法正确理解文献书籍对于整个古代中国的意义。

就第二个倾向而言，由于中西文献书籍史的状况和社会特性的差异，如果单纯地移植问题，必然也会发生某种阐释"错位"。正如西方书籍史研究者已经指出的那样，罗伯特·达恩顿模型的某些部分不适合于研究印刷发明前的手抄本文化[2]，但即使是将"交流循环"置之于中国的印刷书语境中，也会发现多样化的复杂情形：一方面"交流循环"不仅在商业发达的江南地区以及像"四堡"这样一个文化并不十分发达的偏远地区中存在，即使是在士人的非商

---

[1] 钱存训.中国书籍、纸墨及印刷史论文集[M].香港：中文大学出版社，1992：238.
[2] （英）戴维·芬克尔斯坦，（英）阿利斯泰尔·麦克利里著.书史导论[M].北京：商务印书馆，2012：31.

业化的出版活动中，也是同样存在的。尽管在士人出版的"交流循环"中少了书商（批发商）和专门的运输商等，但编者、收藏者、编纂者、刊刻者和抄写者、读者之间存在着丰富的行为参与。另一方面，士人刻书、藏书与一般意义上的商业化出版中的"交流循环"，深层内涵有着根本性的不同。士人围绕着书籍而展开的编纂、抄写、刊刻并不旨在商业利润，而是意在实现知识分享。因此士人私刻的绝大部分书籍是传统经典、知识著作和典雅文学作品，而商业化坊刻则基本都是通俗书籍（以小说为主）或实用书籍（以科举用书为最），二者"交流循环"的主体也有着显著分野。

在中国古代社会，文献书籍在士人阶层中的"交流循环"，始终发挥着其影响精英文化传统的强大力量。就晚期阶段明、清而言，明代的士人抄书、刻书或许仍偏重对宋本的保护、复制和对古代文献的继承、重编，尚不是有意识的对古典的"复兴"。明清易代后，儒者痛改蹈空之弊，转而愈重经世致用（开物之功），遂更加强调知识、思想的书写并形成文献"须有利于天下"（立言之用），如顾炎武曰："文之不可绝于天地间者，曰明道也，纪政事也，察民隐也，乐道人之善也。若此者，有益于天下，有益于将来，多一篇，多一篇之益矣。若夫怪力乱神之事，无稽之言，剿袭之说，谀佞之文，若此者有损于己，无益于人，多一篇，多一篇之损矣。"（《日知录》卷十九）这同样也被视为精英义化关于文献生产与整理的标准。在这种意识下，清代学术遂极其重视文献，士人编刊"有益于天下"的文献书籍不遗余力，而这些文献书籍的出版、流布、阅读，对学术和政治话语的影响巨大。如果过分注意小传统社会的书籍"流通循环"而忽略了士人阶层的文献整理与编刻、传播，那么显然会导致我们对儒家思想及其构成的政治、道德话语权力的缺乏深入探寻。即使是就明清印刷书籍史而言，同样无助于其社会文化意义阐释的根本目标——出版印刷如何影响知识系统的形成和传播、地区和国家的文化认同以及政治和帝国系统的运作——的达成。

另外，罗伯特·达恩顿的模型也并非唯一合理的。托马斯·亚当斯（Thomas Adams）和尼科拉斯·巴克（Nicolas Barker）提出了一种新的认知模式"生命的-目录学的"（bio-bibliographical）维度，即以书的生命过程（出版、制作、发行、接受、流传）及其影响层面（思想影响、政治、法律和宗教影响、商业压力、社会行为与趣味倾向）的"运行系统"代替书与参与者的"交流循环"从而将问题中心完全翻转。托马斯·亚当斯和尼科拉斯·巴克的模式更加倾向于关注书籍本身，显然更加适合整体的中国古代文献书籍史的对象内涵，但前提是必须对中国书独特的"生命过程"和中国文化独特的"影响层面"及其互动关系有深刻的把握。周绍明（Joseph P. McDermott）的《书籍的社会史：中华帝国晚期的书籍与士人文化》正是部分借鉴了这种新的维度，才有意探求"书籍与士人文化"这一原本在"交流循环"研究中所不可能涉及的问题。周启荣（Kai-Wing Chow）则借鉴"副文本"理论分析了书籍评注中的政治、意识形态，并且研究了明清印刷书与"公共权威"（Public Authority）、"士阶层文学批评"（Literary Critics）和"组织化群体的权力"（Organizational Power）的互动影响。不过，类似探讨并不十分成功，根本原因正在于其研究尚未充分具备上述的前提条件。事实上，西方研究者在中国书籍史的一些重要问题如印刷的技术高低及其作用程度、阅读人口比例、语言、教育和阅读传统的实质内涵、政府主导程度上之所以产生较为严重的分歧，原因同样在此。

回到本文开始所提出的问题上来。经过上述讨论，我们可以发现：中国本土学术界"书籍社会文化史"相对沉寂的真正原因，或正在于对秉承欧美书籍史的根本问题意识而研究中国书籍史的犹豫，以及对中国文献书籍史的真正问题究竟何在的困惑。

三、中国文献书籍史的问题与"中国古代文献文化史"研究

中国文献书籍社会、文化史的根本问题是什么？通过对文献校雠之学、文献史的内在理路和海外汉学"书籍史"研究的移植性缺陷这两个方面的探讨，我们显然已经得到了某种答案。一言以蔽之可曰：西方的问题是——"谷腾堡革命"以后的书籍生产交流如何推动宗教改革、启蒙运动、科学革命等并导致近代向现代社会的进步；而中国的问题则是——文献图书的悠久历史与古代社会发展和文化的传统延续的内在关系及其内涵。

中国文献书籍史的这一根本问题，并不是否认宋以后特别是晚明印刷商业化的显著意义，而是重在强调明清商业化刻书在生产、流通、阅读、接受等社

会意义上的"交流循环"不能包括中国古代历史更长时段中文献、书籍在知识思想发展、传统继承发扬等文化意义上的"主客互动","印本书籍"对小传统内涵扩充的推动,也无法取代"文献"对大传统的一贯形塑。同时,即使以"明清—印刷—商业化刻书"为专门对象,亦不能忽略士人阶层与文化传统的观照角度。总之,文献书籍"制作生产—流通传播—阅读接受"的社会内涵,以及文献书籍的物质文化历程,都应该只是"文献如何成为中国文化史中一股力量"问题的组成部分,而不应是全体和唯一。

我们可以把以此为中心问题的反思姑称之为"文献文化史"。新问题的确立,逻辑性地决定了"文献文化史"所必然带来的新的拓展。综合而言,表现在以下几个方面:

第一,以"文献"取代"书籍(书本)",扩大对象范围,涵括从近代的"印刷书籍"一直到"惟殷先人"的"典册"的整体文献。对象的扩大相应地导致时段的扩展,从而使整个中国文明时代的文献历史以一种"长时段"进入反思的视野。

对象的扩大是中国文献的对象属性决定的。从最早的占卜纪录、金石文书到简册书、卷帛书、纸本书再到印刷书,古代中国每一种文献"形式"都发挥了文献的作用、体现了文献的意义,而且其作用和意义并不因为技术、范围、规模有别而呈现出高、低之分。比如书写载体进步的影响无处不在,甚至和数学发展也紧密相关:春秋战国时的简牍书册使得汉字语言进入数学,引发了中国数学的高潮;而唐宋之际纸张使用的繁盛使得算筹语言引入数学,也同样促成了另一个数学高潮;南宋时期的雕版印刷和册页书籍制度,则使秦九韶《徽学九章》运用连线的算图得以印刷出版;这三个影响来自不同的载体技术,但其意义并不存在大、小之别。另一个典型的例子是,印刷术的出现使书本相对易得,导致士人的阅读、记忆、理解等方面都发生微妙的改变,从而也间接使文学创作出现某种变化,但我们并不能据此判分文献影响文学的意义价值存在高低。由此"长时段"的审视不仅是文献史、出版史、藏书史等专门史研究的传统原则,更是文献文化史的必由之径。那种将两宋、明代中期、清代鼎盛时期以及近代资本主义印刷时期视为四个"关键阶段"的观念,来自西方书籍史"印刷—社会"的问题意识,并不符合整体中国文献书籍历史的客观性。

第七章　中国文献学与文献史研究

第二，在"书籍"的社会性内涵之外，更加关注中国古代文献的"文化性"亦即文献与知识、思想、学术、文学、政治、权力等之间的互动，以及文献对中国传统的深层作用。在此视域下，文献书籍不仅仅是一种人类沟通的媒介，更是一种塑造文化的手段。其中的很多重要问题是古代中国独有的，如文献发生、早熟并始终发挥强大力量的深层原因；文字、书面语、文献书籍、经典与文化共同体的互动关系；书写和文献传统与知识传统、学术传统、思想传统的确立；文献与政治；文献权力与大小传统的分野；文献传播与东亚文化圈的形成等。毫无疑问，它们正是中国古代文献书籍史独特内涵的反映，应该也必须成为反思的重点。

第三，推进方法的借鉴、继承与融合。海外汉学中国书籍史研究的重要贡献就是引领了中国古代文献图书史研究的社会、文化转向，采用了丰富的社会学和文化人类学方法。不过，由于问题意识的不同，他们关于写作、出版、传播、阅读、接受等社会维度的理论思考，并不完全适合对古代文献"文化性"的反思。方法的革新只有契合于对象属性才能得以有效的实现，"其真能于思想上自成系统，有所创获者，必须一方面吸收输入外来学说，一方面不忘本来民族之地位"。[①] 从我们建立起符合对象属性的根本问题的那一刻起，就决定了我们必然在借鉴外来观念之外，需要继承传统方法，并实现新的融合。

传统文献校雠之学特别是"辨章学术、考镜源流"的反思视角，其要义在于首先厘清文献的发生、发展源流，然后据此阐发思想、学术之"道统"，本身就已经具有了以文献阐释文化、以文化观照文献的观念雏形。章学诚以后，文献史和思想史、学术史的关系已成为清代学者的思考重点之一。其根本方法意识是视文献的编纂、生产、传播，与作者—抄写刊刻者—接受者、文献传达的内容和意义、时代背景、社会政治环境以及思想道统为一个不可分割的整体，各种元素彼此互动、往复循环，共同构成一种意义系统；然后以历史实证为基础，对这些多元以及每一元的多边进行交互往复的"阐释循环"，以发掘其中的丰富内涵。这实际上就是中国学术经过长期实践并不断丰富完善而形成的建立在整体理解之上的多元循环阐释方法，其所以行之有效，在于它深刻地契合

[①] 陈寅恪. 冯友兰中国哲学史下册审查报告[M]. 北京：三联书店，2001：284.

了研究对象——中国文化那种主客无间、天人合一的属性。显然，对古代文献与文化进行重新阐释，这是首先需要继承并予以发扬的。完全无视学术传统的"内在理路"而进行理论照搬，就一定不免"格义"式的弊端，无法正确理解种种本土符号、象征，从而将不同文化背景下的文献书籍的意义混为一谈。

第四，突破人为限定的畛域，极大地扩充材料。以西方书籍史的核心问题移之于中国文献书籍史，学者们必然会发现：即使是就明清时代而言，在西方非常丰富的材料诸如书单、价格单、书商和出版商之间的翔实通信、行业账簿、书展目录、图书馆订购单等，仍然并不好找，以至于很难根据原始材料构造一个图书生产、贸易、流通的综合图景。这当然是某种事实。但造成这一事实的原因是什么？是大量的雕版印刷业的商业记录没有保留下来，还是在当时本就不存在丰富的商业记录？相反的典型例子是：清初一位文人刻书家张潮，却有数百封为刊刻《幽梦影》《昭代丛书》《擅几丛书》《虞初新志》事与友朋的往来书信保留至今（《尺牍偶存》九卷《友声》初集五卷、后集五卷）。事实上，明清时代非商业性的文人出版、交流的资料极其丰富。显而易见，就西方书籍史研究者所秉持的"流通循环"的社会史视野而言，材料确实有限，但其他问题则并不如此。换句话说，符合中国书籍史对象属性的问题，如文献与思想、学术、文学、政治的关系，士人阶层与文献的主客互动，并不缺乏材料。传统文献校雠之学和文献史（包括出版史、藏书史、文献学史等）已经发掘了大量的原始证据，而尚待开拓的直接和间接材料更为浩博。近代以来，尚有地下文献不断出世，为早期文献状况提供了鲜活的例证。

这些拓展在根本上是从"文献史"的传统继承到"书籍史"的参照借鉴、再到"文献—文化"视野构建的结果，是在深刻理解对象特性并从中发现问题的基础上引发的。因此我们有理由相信，构成这种拓展的"中国古代文献文化史"，既可以成为一种超越西方"书籍史"的本土化尝试，又必然呈现为中国学术关于中国古代文献的历史、作用、意义自我思考的全面深化。

参考文献

[1]费夫贺，马尔坦.印刷书的诞生[M].李鸿志，译.桂林：广西师范大学出版社，2006.

[2]戴维·芬克尔斯坦，阿利斯泰尔·麦克利里.书史导论[M].北京：商务印书馆，2012.

[3]曹伯韩.国学常识[M].北京：中华书局，2010.

[4]曹义.我国高校移动图书馆信息资源建设研究[D].华中师范大学，2016.

[5]常艳.试析开放存取期刊对高校图书馆信息资源建设的作用[J].山东省青年管理干部学院学报，2010，（05）：161-163.

[6]陈丽霞.面向泛学科化服务的高校图书馆资源建设策略研究[J].参花（上），2021，（08）：123-124.

[7]陈亦强.高校图书馆信息资源建设的探讨——从经济学角度分析[J].晋图学刊，2007，（06）：33-37.

[8]陈寅恪.冯友兰中国哲学史下册审查报告[M].北京：三联书店，2001.

[9]程磊.关于文献类型演变规律的研究[J].图书情报工作，1991（3）：11-14.

[10]韩丽.互联网环境下高校图书馆资源建设对策研究——以陇南师专图书馆为例[J].中国教育技术装备，2020（2）：65-66，71.

[11]贺丽娜.全媒体时代高校图书馆资源建设的路径分析[J].内蒙古科技与经济，2022（22）：136-137，140.

[12]侯晓.基于价值链嵌入的高校图书馆慕课阅读推广创新策略研究[J].图书馆工作与研究，2023，（03）：19-24+55.

[13]冀萌萌.高校图书馆学科资源采访质量控制体系研究[J].内蒙古科技与经

济，2020，（22）：147-148.

[14]李桂玲.高校图书馆资源建设探究——以延安大学图书馆为例[J].品牌研究，2021（29）：154-157.

[15]李敏.高校图书馆学科服务平台学科资源构建探讨[J].现代情报，2017，37（11）：98-104.

[16]李沛.优势互补协调建设——对当前高校图书馆信息资源建设的思考[J].现代情报，2008，（04）：42-44.

[17]李宛蓉."5S"管理在数字图书馆信息资源建设中的应用[J].科技情报开发与经济，2008，（16）：14-16.

[18]李晓婧.试论学科化服务的高校图书馆资源建设优化[J].课程教育研究，2019，（04）：249.

[19]李艳玲.高校图书馆学科资源建设探索[J].兰台世界，2019，（11）：107-109.

[20]李友良.基于供给侧改革视角的图书馆信息资源建设探究[D].湖南大学，2018.

[21]廉立军，叶素萍，庞楠，赵建秀.高校图书馆信息资源建设质量评价指标体系研究[J].现代情报，2008，（04）：57-59.

[22]刘春梅，杜宗明.基于PDA的我国高校图书馆中文纸质资源建设模式构建[J].科技创新与生产力，2020，（10）：13.

[23]卢炳卫.对高校图书馆信息资源建设的探讨[J].内蒙古科技与经济，2007，（12）：127-128.

[24]罗伯特·达恩顿.启蒙运动的生意——《百科全书》出版史（1775—1800）[M].叶桐，顾杭，译.北京：三联书店，2005.

[25]彭迪，李海瑞.学生馆员在高校图书馆中的角色定位与管理策略研究——基于协同管理理论视角[J].图书馆工作与研究，2023，（03）：76-83.

[26]彭江浩.新时代高校图书馆资源建设的采访工作[J].数字与缩微影像，2021，（03）：40.

[27]钱存训.中国书籍、纸墨及印刷史论文集[M].香港：中文大学出版社，1992.

[28]乔慧琴.读者需求导向下的高校图书馆文献资源建设策略探讨[J].办公室业务，2020（23）：171-172.

[29]卿倩.高校图书馆资源建设中的用户参与研究——以中国民用航空飞行学院图书馆为例[J].传播力研究，2021，5（35）：160-162.

[30]沈林林.高校图书馆建立面向社会的情报服务中心探索[J].江苏科技信息，2023，40（05）：22-25.

[31]宋静.高校图书馆信息资源服务研究[J].大众文艺，2023，（04）：103-105.

[32]孙波.泛在知识环境下图书馆信息资源建设策略探析[J].图书馆学研究，2009，（09）：51-53.

[33]孙钦善.中国古文献学史（全二册）[M].北京：中华书局，1999.

[34]谭凯波.吉首大学图书馆信息资源建设研究[D].中南大学，2009.

[35]涂丰恩.明清书籍史的研究回顾[J].新史学，2009，20（1）：181-215.

[36]王鸣盛.十七史商榷·卷一[M].上海：上海书店，2005.

[37]王瑞珍.我国文献学研究方法之探析[J].新世纪图书馆，2007（5）：63-64，7.

[38]王欣夫.文献学讲义[M].上海：上海古籍出版社，2007.

[39]王亚棉.如何提升高校图书馆资源利用[J].北方文学，2019，（18）：150.

[40]王重民.校雠通义通解[M].上海：上海古籍出版社，1987.

[41]肖东发.中国出版通史·先秦两汉卷[M].北京：中国书籍出版社，2008.

[42]谢灼华.文献与社会[J].武汉大学学报（哲社版），1994（4）：108-114.

[43]杨波.区域内高校图书馆协同协作研究——以泰安市域内高校为例[J].内蒙古科技与经济，2020，（11）：123.

[44]杨倩.浅谈高校图书馆学科资源建设[J].教育现代化，2020，7（37）：100-103.

[45]杨晓骏·论文献发展的基本规律[J].中国图书馆学报，1996（3）：16-19，23.

[46]余嘉锡.四库提要辨证·序录[M].北京：中华书局，2007.

[47]余英时.论戴震与章学诚[M].北京：三联书店，2000.

[48]袁钰莹.高校图书馆学科资源建设的创新举措[J].湖北师范大学学报（哲学社会科学版），2021，41（06）：151-156.

[49]张建辉，刘大旭，王冠卓.泛在知识环境下黑龙江省佳木斯市高校图书馆学科资源建设优化对策[J].办公室业务，2018，（23）：140.

[50]张宁.新媒体时代高校图书馆的机遇与挑战研究[J].江苏科技信息，2023，40（03）：43-45+52.

[51]张舜徽.中国文献学[M].上海：上海古籍出版社，2009.

[52]赵丹僖.供需双侧视角下高校图书馆资源建设研究——以广西生态工程职业技术学院为例[J].中国市场，2021（20）：48-49.

[53]朱聪，龙爽.高校图书馆学科特色馆藏资源建设及共享模式[J].黑龙江科学，2019，10（21）：72-73.

[54]朱佳林.区域创新背景下高校图书馆科技创新服务策略研究——以天津市高校图书馆为例[J].图书馆工作与研究，2023，（02）：90-97.

[55]朱稼菁.高校图书馆网格化管理现状研究及建议[J].采写编，2022，（12）：190.